KB022022

대학생을 위한

부동산 대출형
펀드 가이드

대학생을 위한
부동산 대출형
펀드 가이드

이 준 지음

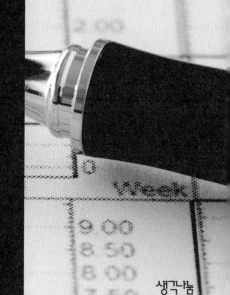

대체투자 펀드매니저가 알려주는
대학생을 위한 펀드설정 실무서
이 책을 읽는 것만으로도 남들과 다른
출발 선상에서 시작할 수 있습니다.

생각나눔

서문

　　최근 부동산 투자에 대한 관심이 급격히 높아지며, 개인이 부동산 실물이나 개발사업에 투자할 수 있는 금융상품이 증가하고 있다. 현재 부동산 관련 금융상품으로는 대표적으로 리츠, 펀드, P2P가 있는데, 각 상품별 투자구조와 성격은 다르지만 근본적으로 부동산에 투자하는 것이기 때문에 상품 분석을 위해 필요한 지식과 위험분석방법은 비슷하다고 볼 수 있다. 필자는 그동안 공부했던 펀드 상품들을 통하여 부동산 금융상품을 검토할 때 어떤 부분을 중점적으로 봐야 하는지 이야기하고자 한다.

　　집필 시 특별히 신경 쓴 부분은 첫째로 어렵고 불필요한 단어 제외하기이다. 예를 들어 셀사이드, 바이사이드 등과 같은 단어들은 쓰지 않았다. 이런 단어들은 자격증 공부 시에는 필요하겠지만, 금융상품을 이해하고자 할 때는 중요하지 않으며 가독성만 떨어트리고 직관적인 이해를 방해할 뿐이다. 학생 때 항상 아쉬웠던 부분은 실무에 대해 접하기 어려웠다는 점인데, 이 책을 통하여 펀드매니저를 준비하는 학생들이 간접적으로나마 실무를 공부할 수 있도록 최대한 쉬운 단어로 자세하게 설명하고자 했다. 중간중간 필요한 실무용어와 필수용어들은 설명과 함께 적어두었으니 처음 보는 단어라면 꼭 외우고 지나가기를 추천한다. 다만 이 책은 학생들을 위한 책으로 필자 역시 주니어 입장에서 경험하고 공부한 내용으로 구성하였기 때문에 실무자에게는 큰 도움이 되지 않을 것으로 예상한다.

두 번째는 반복적으로 설명하기다. 읽다 보면 '이 내용은 앞에서 본 것 같은데?'라는 느낌을 받을 수 있는데, 실제로 2번씩 설명한 내용도 있다. 부동산 금융상품을 처음 공부하는 사람은 정독한다고 해도 내용이 바로 이해가 가지는 않을 것이다. 하지만 같은 개념을 다른 예시를 기반으로 계속해서 설명한다면 이해가 가지 않았던 부분도 조금씩 이해가 될 것이라 생각한다. 완전히 같은 내용이면 지루하므로 다시 설명할 때는 살을 붙이거나 다른 예시로 설명을 하려고 신경 썼다. 단어 하나하나가 중요한데 비슷해서 무의식중에 지나칠 수 있는 것들은 확실하게 언급해 두었으니 정독만 해도 많은 도움이 될 것이다.

이런 방식으로 이 책에는 총 5개의 가상 프로젝트에 대한 설명이 있다. 1회독만 해도 실무에서 다루는 딜을 여러 개 검토한 것 같은 효과를 얻게 하는 것이 목표다. 한 가지 주의할 점은 필자가 소개하는 펀드들이 사모자산운용사를 기준으로 작성되었다는 점이다. 펀드에는 불특정 다수를 대상으로 하는 공모펀드와 소수의 적격투자자를 대상으로 하는 사모펀드가 있다. 필자는 사모펀드만을 경험하고 공부했기 때문에 중간중간 자본시장법 중 사모펀드와 관련한 법에 대한 설명이 많이 들어가 있는데, 법적인 부분은 알고 있으면 나쁠 게 없고 검사검사 공부한다고 생각하고 읽으면 좋을 것 같다. 참고로 필자가 이 책에 적어놓은 법적인 부분도 출판 이후 계속 바뀔 텐데 여기서는 이런게 있구나 정도만 염두해 두고 나중에 실무를 할 때는 전에 관련된 내용이 자본시장법에 있었다는 걸 기억해 내게 하는 것이 목적이니 참고하면 좋겠다. 또한 운용사마다 프로젝트에 접근하는 방식과 경험이 천차만별이라 만약 현업에 계신 분들이 읽으신다면 알고 있던 것과 다른 점들이 있을 텐데 이런 식으로 프로젝트를 보고 경험한 사람도 있구나 정도의 열린 마음으로 읽어주셨으면 한다.

필자가 이 책을 쓰기로 결심한 이유는 학교에서 공부를 열심히 했어도 실무에 들어와서는 아무것도 모르는 바보가 되는 경험을 하면서, 실무에서 정말 기초적이지만 학생 때는 알기 힘든 학교 공부와 실무 사이의 괴리를 메꿔 보고자 해서이다. 필자가 대단한 사람도, 그렇다고 경험이 많은 것도 아니지만 필자와 같은 꿈을 꾸는 분들이 꿈을 이루는 데 조금이나마 도움이 되었으면 하는 마음에 출판을 하니 편하게 읽었으면 한다. 또한 필자가 그랬듯 실무에 대한 갈증이 있는 학생들에게 이 책 한 권이 좋은 가이드라인이 되었으면 한다.

이 준

대체투자 펀드매니저가 되기까지

펀드매니저는 '자산운용회사의 직원으로 투자자로부터 모은 자금을 전통/비전통자산 등에 대신 투자하여 운용한 후 그 결과를 투자자에게 돌려주는 사람'이다. 이러한 정의를 읽어보지 않더라도 일반적으로 펀드매니저라고 하면 상당한 전문성을 갖춘 전문가라는 인식이 기본적으로 깔려 있다. 필자 역시 대학생 시절 금융인을 꿈꾸었다. 하지만 주변에 금융권을 준비하는 사람들과 비교했을 때 특출난 점이 없었기에 바로 자산운용사로 진입하는 것은 불가능하다고 생각했고, 방향을 틀어 일단 부동산 컨설팅 회사나 PM(자산관리회사)사 같은 곳에서 부동산 관련 경력을 쌓아 나중에 자산운용사로 진입하려는 계획을 세웠다. 그런데 시기가 좋았는지 필자가 취업 준비를 할 때쯤부터 대체투자(부동산) 관련 금융상품들이 뜨기 시작했고, 4학년 여름방학에 혹시나 하는 마음에 지원했던 증권사 부동산 IB부서, 자산운용사 대체투자 운용본부에 합격하게 되었다. 고민 끝에 자산운용사를 선택하게 되었는데 이유는 IB는 직접 딜을 발굴하는 역할을 하고 이를 구조화하기 위한 전문 지식을 필요로 하기에 신입으로 가서 업무를 배우기 힘들 것 같았기 때문이다. 반면 자산운용사는 IB등 주간사로부터 정리가 된 딜을 제안받고 그중 좋은 프로젝트를 펀드로 상품화시키는 일이라서 상대적으로 업무을 배우기 좋고 다양한 프로젝트를 경험해 볼 수 있을 거라 생각했다. 당장 연봉은 증권사IB가 더 좋을 수 있었지만, 다양한 경험을 해보기에는 자산운용사가 맞을 것 같았고 그 선택에 매우 만족하고 있다. 실제로 입사하고 3년 동안 부동산뿐만 아니라 인프라, 선박 등 다양한 프로젝트를 검토하면서 대학생 시절 책으로만 배워서 잘 이해가 안 됐던 부분과 이해관계인들의 실무적인 역할에 대해서도 확실하게 배울 수 있었다.

프로젝트 검토에 앞서 사람마다 스토리가 있을 텐데 펀드매니저를 꿈꾸는 분들을 위해 평범한 학생이었던 필자가 학창 시절부터 펀드매니저가 되기까지 이야기를 간단히 해보려고 한다. 초등학교 때 특별히 선행학습도 하지 않았고 중학교 때는 운동을 좋아해서 매일 농구와 동아리로 럭비를 했고, 고등학교에 올라와서는 학교 책상에서 누구보다 잠을 잘 잤던 학생 중 하나였다. 그나마 필자가 생각하는 남들과 달랐던 점을 찾자면 교우관계가 좋았다는 점인 것 같다. 특정 사람이나 무리 구분없이 다 친하다보니 초6~고3 때까지 매년 학급 회장을 해서 학교에 필자를 모르는 친구는 거의 없었다. 문제는 노는 걸 좋아해서 고3 때까지 방과 후와 주말에는 대부분 친구들과 축구, 농구를 하거나 피시방에 다니며 살았다. 수능을 보고 나서는 당연히 갈 수 있는 대학이 없어서 바로 재수를 하였으나 결과가 좋지 않았고, 삼수 때 기숙학원에 들어가 열심히 공부한 끝에 기숙학원에서 가장 높은 반까지 올라갔고 중앙대학교에 입학할 수 있었다.

특출 난 머리를 가지고 있지도 않았고, 남들보다 늦은 대학생활의 시작이었다. 이를 알았지만 사람이 쉽게 바뀌지 않듯이 대학교에 들어가서도 운 좋게 괜찮은 대학에 갔다고 해서 열심히 산 것도 아니었다. 1학년 때 처음 술을 배우고 1년 동안은 친구들과 거의 매일 술자리를 가졌던 것 같다. 새로운 놀 거리들이 많았고 취업이라는 먼 미래에 대한 걱정도 고민도 없이 1학년을 마치고 5월에 의경으로 입대를 했는데, 이때 처음으로 진로에 대해 고민을 했다. 기동대로 배치되고 매일 하루종일 밖에 나와 5~7시간을 밖에 서 있고 나머지 시간을 경찰버스에서 대기했는데, 가만히 앞만 보고 서 있으니 이런저런 생각을 하다가 자연스럽게 앞으로 뭘 하고 살지에 대한 고민을 하게 되었던 것 같다. 처음에는 남들이 준비하고 있는 걸 따라 해야겠다 하고 전역한 뒤 해야 할 일들을 정리해보았는데 영어성적, 자격증, 학점, 대외활동, 해외경험 등등 정리하고 나니 도저히 다 할 자신이 없었다. 그래서 일단 하고 싶은 일이 뭔지 정하기로 했다. 마음으로는 금융업을 하고 싶었으나 전공이 도시계획/부동산 학과다 보니 당시에는 금융과는 접점이 없는 학과라고 생각해서 고려하지 않았다. 진로에 대해 한참 고민해보았는데 필자가 아직 부동산과 관련하여 어떤 일들이 있는지 지식이 부족하여 지금하는 게 의미 없는 고민이지 않을까라는 생각이 들었고, 의경은 주말에 외출이 가능하여 그 후로 매주 외출 때면 부동산 관련 책들을 사 와서 책만 읽었다.

2013년도 당시 대학 동기들과 '우리 전공으로 뭘 할 수 있을까?'라는 이야기를 하면 FM(Facility Management/시설관리)에서 건물 시설에 대해서 배우고, PM(Property Management/자산관리) 또는 LM(Leasing Management/임대마케팅)으로 이직해서 건물 관리나 임대차에 대해서 배우고, 마지막에 AM(Asset Management/자산운용)에 가서 자산운용을 하는 커리어패스가 당연하다는 인식이 깔려있었다. 실제로 대부분의 동기들이 PM이나 LM 쪽으로 준비를 많이 했던 편이었고, 필자 또한 잘 몰랐던 시절에는 PM 쪽을 준비해야겠다는 생각을 가지고 있었다. 하지만 이제 와서 느끼지만 자산운용사 일은 빨리 와서 배워야 무조건 좋다. 물론 PM에서 AM으로 넘어오시는 분들도 여러 명 보긴 했지만, 실력이 뛰어나거나 운이 좋았던 케이스이고 나이가 들어 자산운용사 쪽으로 넘어오는 게 더 어렵고 경력인정도 100% 안 된다. 실제로 전체 경력에 일부분만 인정해주는 곳도 많다.

다시 이야기로 돌아와서 의경시절 주말 외출 때마다 여러 책을 보던 중 우연히 『대체투자 파헤치기』라는 책을 접하게 되었다. 지나다니다가 표지는 몇 번 보았으나 나와는 상관없는 책이라 여겼는데, 궁금해서 한번 열어보았다가 "PEF는 헤지펀드, 부동산 등과 함께 대체투자의 3대 축을 형성하고 있다."라는 문구를 보고 처음에는 '부동산이 왜 여기 껴있지?'라는 생각을 했던 것으로 기억한다. 헤지펀드와 PEF는 금융 관련 공부를 한 적이 있어서 어느 정도 알고 있었는데 대체투자가 뭐길래 부동산이 포함돼 있는 건가 했다. 책이 너무 어려워 보였지만 궁금해서 한번 쭉 읽어보았고 이때 부동산 금융이라는 것에 대해서 처음 알게 되었다. 이 책이 지금의 필자를 만들어 준 대체투자와의 첫 만남이었다. 그 뒤로 인터넷에서 대체투자와 관련된 딱 원하는 자료는 찾기 힘들었지만, 나름 많은 국내 및 해외의 대체투자 관련 자료를 찾으면서 계속 읽어보았고, 이 길에 대해 확신이 들었다. 금융권에 관해서 주식은 많이 들었지만 부동산금융에 대해서는 들어본 적도 없고 해외에는 기사가 많으나 국내에는 아직 자료가 많이 없는 걸 보면서 블루오션이라는 생각이 들어서 이 길을 한번 걸어보자는 결심을 하게 되었다. 지금 당시를 생각해보면 이때 필자가 1학년이라 몰랐을 뿐 이때가 한참 한국 대체투자 시장의 태동기였던 것 같다.

이렇게 길은 정하고 이를 실현시키기 위해 전역한 뒤에 할 일들을 계획하기 시작했다. 크게 2개였는데 첫 번째는 학회를 만드는 것이었고, 두 번째는 대체투자 관련 전문성을 만드는 일이었다. 일단 첫 번째 계획인 학회를 만들기로 결심한 이유는 대체투자에 관심 있는 친구들을 모아서 같이 공부하기 위함이었다. 이 분야에 관심 있는 사람들이 모이면 정보를 얻기도 더 쉬워지고 나중에 사회에 나와 힘이 될 거라 생각했다. 그렇기에 대체투자 학회를 만들겠다는 목표를 세우고 외출 때마다 학회 로고 제작 의뢰도 하고 교내에서 금융학회를 관리해주고 지원금을 주는 프로그램이 있다는 걸 알게 되어 전역하면 바로 신청할 수 있도록 학교 관련 관리팀에 말씀드리고 관련 문서작업을 끝내 놓았다. 복학을 하고 한 학기 동안은 학회원 모집을 위해 경영학과/경제학과/글로벌금융학과/도시계획 및 부동산학과의 거의 모든 교수님들께 부탁드리고 강의 전 또는 후로 10분 정도의 시간을 허락받아 학회 설명회를 진행했다. 그렇게 해서 2017년도에 만들어진 이 학회는 성공적이었고, 현재 매 학기 경쟁률은 회계사, 감정평가사분들을 포함해 서류만 최소 6:1 이상의 경쟁률을 기록하고 있다. 이 학회의 이름은 중앙대학교 대체투자학회 'KAIC(Korea Alternative Investment Club)'

로 신문에도 소개된 적이 있고, 현재는 서울대, 연세대, 고려대, 건국대와 함께 대학생 부동산 연합교류회인 University Real Estate Club Association(URECA)을 진행하고 있다.

두 번째 계획인 대체투자 관련 전문성을 기르자는 학회를 이끌려면 방향을 제시해야 하는데, 그러기 위해서는 다른 친구들보다 많은 지식이 있어야 하고, 이런 지식이 있어야 학회에 시스템을 만들 수 있을 것이며, 학회가 흐지부지되거나 조금 더 많이 아는 다른 사람에게 빼앗기지 않을거라고 생각했다. 이를 위해 군대에 있으면서 계급이 오르고 공부를 하러 가도 괜찮은 상황이 되면서 CAIA를 준비하기 시작했다. 이 자격증을 선택한 이유는 우선 유일하게 대체투자랑 관련된 시험이기 때문에 대체투자에 대한 공부도 되고, 금융자격증도 하나 있으면 좋겠다는 생각을 해서였다. 비슷한 자격증으로 CFA도 있었지만, CFA보다 준비기간도 짧고, 대체투자와 관련하여 더 깊이 있게 공부할 수 있다는 점에서 필자에게는 CAIA가 더 효율적이었다. 이 자격증을 통해 Alternative Investment, Structuring(Tranche), Real Estate Finance, Hedge Funds 등 부동산과 금융에 대한 개념을 공부할 수 있었는데, 이때 공부한 지식을 필자는 아직까지 활용을 하고 있고 실무에 와서도 위 용어들을 다 알아들으니 업무를 이해하고 진행하기 훨씬 수월했다.

전문성을 위해 CAIA 자격증 시험과 함께 준비했던 게 있었는데 바로 대학교 설계전공이다. 설계전공이란 학생이 여러 개의 학과를 섞어 1~4학년 커리큘럼을 짜서 직접 학과를 만들어 수업을 듣는 것이다. 원래는 복수전공을 하려고 했으나 경영학과나 경제학과의 경우 전공 강의에 마케팅 등과 같이 필자에게 불필요한 강의들이 섞여 있어서 시간 낭비가 될 것 같은데 다른 방법이 없나 하며 학교 행정 관련 자료를 보던 중 설계전공에 대해서 알게 되었다. 필자의 경우 대체투자를 하기 위해 일단 부동산은 전공했지만, 금융을 하려면 경영이나 경제학과를 무조건 공부해야 한다고 생각했기 때문에 대체투자학과(글로벌금융, 경영, 경제, 도시계획 및 부동산)를 만들었고, 현재 졸업장에는 전공으로 도시계획 및 부동산과(경제학사), 설계전공으로 대체투자학(경영학사) 졸업으로 나와 있다. 설계전공도 바로 된 게 아니라 한번 떨어져서 1년 가까이 교수님들께 인사드리고 상담받으러 다니면서 2번째 만에 승인이 났다. 이게 재학 중에 2번밖에 지원 못 하는 거라 처음에 떨어졌을 때를 생각하면 지금도 아찔하다. 이렇게 계획했던 모든 준비를 마치고 전역과 동시에 2학년 때 바로 학회와 설계전공을 만들고 자격증 공부까지 이어서 할 수 있었다.

대체투자에 대해 학회원들과 1년 간 공부하고 3학년이 되고 나서는 실무에 대한 호기심이 생기기 시작했다. 많은 공부를 한 상태는 아니었지만 지금 공부를 제대로 하고 있는지 그리고 이 지식을 앞으로 어떻게 쓸 수 있을까 궁금증이 생겼고, 인터넷에서 여러 외부교육을 찾아다니면서 듣기 시작했다. 이때 엑셀 사용법과 Cash Flow를 배우고, 부동산 투자 실무 교육을 듣고, 펀드제안서 작업에 대해서도 공부할 수 있었다. 그리고 운이 좋게 교육에서 좋은 분들을 많이 만날 수 있었고, 여기서 알게 된 분들을 통해 KPMG와 JLL에서 일할 수 있는 기회를 얻게 되어 현장에서 실무를 배우는 경험도 할 수 있었다. 다행히 문제 없이 군대에서 계획했던 일들을 하나하나 실천해 나갔고 4학년 여름방학에 자산운용사에 합격할 수 있었다.

사회에는 정말 뛰어난 친구들이 너무 많고 각자 나름대로의 무기들이 있는데 필자의 무기는 진취적인 성격과 리더십이었다. 이 무기를 사회생활에서도 잘 활용하여 많은 사람들을 만났고, 현재는 여의도에 걸어다니는 부동산 금융 명함첩이라고 할 만큼 아는 사람이 많아졌다. 이는 자신의 장점을 정확하게 파악하고 맞는 방법을 정했기 때문에 시간을 효율적으로 사용할 수 있었고, 그 덕에 삼수로인해 남들보다 늦은 시작이었지만 빠르게 지금의 결과를 만들 수 있었다고 생각한다. 학생분들 중에 아직 방향을 정하지 못했으면 일단 학점과 자격증에 최선을 다하는 게 맞다. 하지만 목적지를 명확히 하고 자신의 장점을 극대화하는 것도 하나의 방법이니 한 번쯤은 스스로 어떤 사람인가 고민해보는 건 중요하다. 망망대해에서 나침반을 가지고 정확한 방향으로 가고 있는 사람과 아닌 사람의 차이는 시간이 지날수록 크게 벌어지게 되어 있다.

필자도 나름 대학생 시절 열심히 준비를 했지만 자산운용사는 처음 들어와서 용어부터 다시 배우기 시작했다. 당연하지만 펀드제안서에 넣는 숫자는 절대 틀려서는 안 됐고, 문장을 쓸 때 단어 하나하나가 무겁게 느껴졌다. 일상에서 많이 쓰는 말이었는데 막상 찾아보니 정확한 의미가 아닌 경우도 있었다. 일을 하면서 자산운용사 일이 단순히 의지만 있다고 할 수 있는 일이 아닐 수도 있겠다는 생각도 많이 했다. 처음 2년 동안은 휴가 없이 매일 평일 야근, 주말 출근하는 걸 보고 친구들이 힘들겠다고 했는데 실제로 정말 많이 힘들었다. 특히 처음에는 물어볼 선배가 없어서 혼자 찾아가며 힘들게 자료를 만들었는데 그래도 지금 생각해보면 그 덕분에 정확하고 주도적으로 일하는 습관을 만들 수 있었던 것 같다.

필자는 비록 힘들게 배웠지만 후배들은 이런 경험을 반복하지 않았으면 해서 현재는 학회에 남아 4년 정도 강의한 내용을 정리하여 이 책을 쓰게 되었다. 물론 주니어가 공부하고 배운 내용을 정리한 책이기에 실무자분들이 보기에 대단한 내용은 없지만, 학생분들은 읽는 것만으로도 남들과 다른 출발 선상에서 시작할 수 있을 것이고 처음 회사에 입사해서 별거 아닌데 몰라서 힘든 일을 겪지 않아도 될 거라 확신한다.

마지막으로 부동산 금융인을 꿈꾸는 모든 사람들이 그 꿈을 이루길 바라며, 필자에게 평생을 아낌없이 지원해준 가족들과 책을 쓰기까지 도움을 주신 모든 분들께 감사드린다. 그러면 지금부터 본격적으로 '대학생을 위한 부동산 대출형 펀드 가이드'를 시작해 보겠다.

▌CONTENTS

2부: 가상 프로젝트

3부: 펀드 설정 관련 업무

1부

펀드 전체 구조

1장

펀드 기본 구성

이 책의 전체적인 구성은 이번 1부 펀드 전체 구조에서 기본적인 용어와 펀드구조에 대한 이야기를 하고, 2부 가상 프로젝트에서 5가지 유형의 가상 프로젝트를 놓고 프로젝트 각 유형별 분석 방법에 대해 이야기하고, 3부 펀드 설정 관련 업무에서는 펀드설정과 관련하여 신탁계약서 보는 법, 운용지시서 작성법 같은 실무적인 이야기를 하려 한다.

펀드 구조도

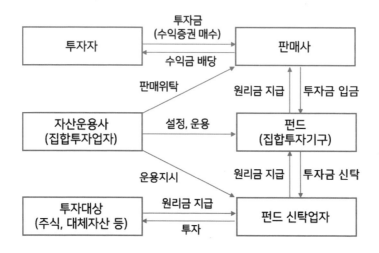

펀드의 기본 구조도다. 자산운용사(집합투자기구)는 펀드(집합투자기구)를 설정 및 운용하고, 판매사는 투자자를 모집하고, 펀드의 신탁업자는 투자금인 집합투자재산을 보관 및 관리하는 역할을 수행한다. 펀드의 운용은 자산운용사가 펀드의 신탁업자에게 운용지시를 하여 투자를 집행, 운용, 결산 등을 하게 한다. 결산이란 쉽게 이야기하면 일정한 기간 동안의 수입과 지출을 마감하는 것을 의미하며, 결산 시점까지 들어온 수익금(대출이자 등)과 비용(펀드비용 등)을 상계하여 투자자에게 줄 이익분배금이나 상환금을 확정하는 절차를 의미한다. 결산에는 2가지 방법이 있는데 펀드의 신탁계약서에서 정한 회계기간에 맞춰서 자동으로 처리되는 결산과 펀드에 배당가능한 금액을 계산하여 운용사에서 얼마를 투자자에게 이익분배 할 지 정하는 임의결산이 있다. 결산기간과 관련해서는 뒤에 3부 펀드 설정 관련 업무 중 신탁계약서

제30조(투자신탁의 회계기간)에서 자세히 설명해 두었다. 다음으로는 위 펀드 구조도에 있는 각 이해관계인에 대해 자세히 알아보겠다.

① 판매사

투자자가 펀드 가입을 하는 곳으로 판매사는 주로 증권사가 된다. 참고로 운용사도 라이센스를 취득하면 판매를 할 수 있으나 현재 그런 운용사가 몇 곳 없으니 자세한 설명은 하지 않겠다. 이런 투자자 모집 방식에는 리테일모집과 법인모집이 있다. 업계에서 펀드에 대한 대화를 할 때 그 펀드는 리테일이냐 법인이냐는 질문을 많이 받는데, 이는 펀드의 수익자가 적격투자자(리테일)인지 금융기관 또는 일반법인(법인)인지를 묻는 말이다. 리테일로 수익자를 모으는 경우, 자산운용사에서는 판매사(증권사)에 가서 상품제안을 하고, 판매사(증권사) 투자심의를 통과하면 증권사 지점을 통해 적격투자자들을 모집하게 된다. 법인으로 투자자를 모으는 경우 말 그대로 금융기관 또는 일반법인이 펀드의 수익자로 들어왔을 때를 말하고 법인도 판매사를 통해 펀드에 투자를 하게 된다.

처음 들어봤을 리테일모집의 경우에 대해서만 이야기하면 운용사에서 증권사에 펀드상품을 제안하고 증권사 내부 투자심의에서 펀드상품이 통과가 되고 나면 증권사 WM에서 본격적으로 투자자들에게 펀

드 판매를 시작한다. 정확하게는 WM(Wealth Management)이란 지점에서 고객의 자산을 관리해주는 곳에 계신 PB(Private Banker)분들께서 펀드를 판매해주신다. 필자가 이 책에서 소개하는 일반 사모펀드에 가입할 수 있는 적격투자자분들의 조건은 아래와 같다.

적격투자자란 ['자본시장과 금융투자업에 관한 법률(이하 자본시장법)'에 따라 ① 전문투자자로서 대통령령으로 정하는 투자자, ② 1억 원 이상으로써 대통령령으로 정하는 금액 이상을 투자하는 개인 또는 법인, 그 밖의 단체]를 의미한다.
해당 내용은 자본시장법 제249조의 2(일반 사모집합투자기구의 투자자) 및 자본시장법 시행령 제271조에 나오고, 현재는 최소가입금액 기준이 1억 원에서 3억 원으로 바뀌었다. (레버리지 200% 이상의 펀드는 기존 3억 원에서 5억 원으로 상향)

② 자산운용사

펀드매니저가 소속된 회사로 펀드를 설정 및 운용하는 역할을 한다. 자산운용사에서는 펀드상품을 만들어서 판매사를 통해 투자자를 모으고 모은 투자금으로 투자를 집행한다. 자산운용사의 구조는 일반적으로 프론트에서 딜소싱 및 상품개발, 미들에서 펀드관리 및 운용, 백에서 펀드 회계 관련 업무, 컴플라이언스&리스크관리에서 펀드와 관련하여 법률적 또는 상품의 위험을 판단해주는 팀이 있다. 이게 일반적인 운용사를 분류해놓은 건데 주변에 물어보면 운용사마다 R&R이 조금씩 다르니 지원서를 쓸 때 지원하는 팀이 어떤 업무를 하는지 알아보고 면접 때도 정확하게 한 번 더 물어보는 게 중요하다.

③ (펀드)신탁사

펀드 투자를 위해 투자자가 판매사에 넣은 돈은 펀드 신탁계약서에 따

라 자산운용사가 아닌 집합투자재산을 보관하는 펀드신탁사로 가고 자산
운용사는 이를 한국예탁결제원 프로그램에서 확인이 가능하다. 자산운용
사에서는 이러한 업무 신탁을 위해 각 펀드별로 자산운용사와 펀드신탁사
간의 신탁계약서를 작성하게 된다.

증권사에도 펀드신탁이 가능한데 증권사의 PBS부서에서 증권사와
자산운용사 간의 신탁계약에 추가로 전담중개업무계약을 체결하고 펀
드를 신탁할 수도 있다. 이렇게 증권사 PBS에 신탁을 한 펀드는 증권
사가 직접 수탁업무를 하는 게 아니라, 증권사가 다시 은행이랑 단위
위탁자산계약을 체결하고 은행에 재위탁해 집합투자자산을 보관하게
된다.

이렇게 중간에 증권사PBS라는 이해관계인이 늘어나면 당연히 은행
에 직접 수탁하는 경우보다 수탁보수가 더 비싸질 텐데 실무를 하다
보면 필요할 경우가 크게 3가지 있다. ① 운용사에서 신탁을 하려는
펀드에서 충분한 신탁보수가 발생하지 않는 경우 ② 운용사 AUM 또
는 자본금이 적어서 운용사 리스크 때문에 안 받는 경우 ③ 은행에서
취급하지 않는 유형의 상품의 경우 등 다양한 이유로 펀드신탁을 받지
않는 상황이 종종 발생한다. 하지만 증권사PBS의 경우 운용사처럼 펀
드 설정이 필요할 때마다 찾는 게 아닌 은행과의 꾸준한 거래가 있고

운용사처럼 필요할 때 하나하나의 펀드가 아니라 여러 개의 펀드를 재위탁하기 때문에 은행이 충분한 신탁보수를 받을 수 있어서 운용사에서 직접 문의하는 것보다 신탁을 받아줄 가능성이 높아지게 된다. 참고로 펀드신탁사 앞에 '펀드'라고 계속 적는 이유는 펀드의 신탁을 담당하는 은행과 증권사가 있지만, 부동산 펀드의 경우 관리형토지신탁/차입형토지신탁 등을 전문으로 하는 부동산신탁사도 있어서 이제 처음 공부를 시작하는 분들은 아직 헷갈릴 수 있으니 정확한 이해를 돕기 위해 모든 신탁사에는 이를 구분하여 표기를 해두었다.

④ 일반사무관리회사

펀드의 기준가격을 산정하여 집합투자업자 및 펀드신탁업자에게 예탁결제원을 통해 통보하는 역할을 한다. 자산운용사에 신탁회계 관련 프로그램들이 있는데 그 프로그램을 통해 기준가격 등 펀드 관련 정보를 확인할 수 있다.

부동산신탁

부동산신탁이란 부동산은 있지만 경험과 자금이 없어서 관리나 활용이 제한되는 '부동산 소유자'가 소유권을 '부동산 신탁회사'에 이전하고, 부동산 신탁회사는 부동산 소유자가 맡긴 부동산을 개발 및 관리하여 그 이익을 돌려주는 제도로써, 신탁의 목적과 신탁회사의 역할에 따라 부동산신탁의 종류를 ① 담보신탁, ② 관리형토지신탁, ③ 차입형(개발형)토지신탁, ④ 분양관리신탁 등으로 구분하고 있다. 각 신탁에 대해서는 인터넷만 찾아도 자세히 나오니 이 책에서는 설명하지 않겠지만, 2부 가상 프로젝트를 이해하기 위해서 용어에 대한 기본 개념은 필요하니, 실무에서 가장 많이 사용되는 관리형토지신탁에 대해서만 설명하도록 하겠다.

[관리형토지신탁 기본구조]

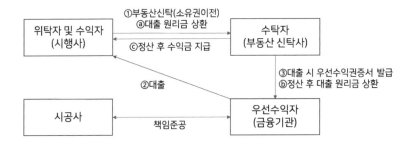

번호 순서대로 이해관계인이 누구인지 보면서 읽으면 이해하는 데 도움이 될 것이다. ①~③은 대출과정, ⓐ~ⓒ는 상환과정이다. 아래의 내용은 실제 관리형토지신탁계약서에서 정의하고 있는 내용으로 여기서 위탁자, 시공사, 수탁자, 우선수익자 등이 체결하는 관리형토지신탁계약서는 3부 1장에서 설명하는 운용사와 펀드신탁사 간에 체결하는 신탁계약서와는 전혀 다른 계약서이니 헷갈리지 않게 주의해야 한다. 이 두 계약서는 인터넷에 찾으면 바로 나오니 차이를 명확히 알고 싶으면 같이 두고 읽어보면 좋다. 아래는 관리형토지신탁계약서에 정리되어 있는 정의를 가져왔는데 위 표를 이해하는 데 도움이 될 것이다.

> (1) 위탁자: 신탁부동산을 수탁자에게 위탁하는 자를 말한다.
> (2) 수탁자: 수탁자는 위탁자로부터 부동산을 신탁받아 수익자 또는 우선수익자의 이익을 위하여 그 재산을 관리, 처분, 운용, 개발 등을 하는 자를 말한다.
> (3) 수익자: 신탁계약에 따라 신탁재산으로부터 금전의 지급을 받거나 그 밖에 이 신탁계약상의 권리를 갖고 의무를 부담하는 자를 말한다.

이 중 구조도를 보면 위탁자인 시행사가 수익자로 되어있고, 은행이나 캐피탈이나 자산운용사 같이 대출을 해주는 금융기관이 우선수익자로 되어있는데, 부동산 금융상품을 볼 때 수익자(수익권자)와 우선수익자(우선수익권자)는 굉장히 중요한 단어다. 읽다보면 비슷해서 차이가 없어 보이지만, 전혀 다른 의미이며 상품을 분석할 때 이 차이를 모르고 보면 부동산 금융상품에 대해 이해할 수 없다. 한번만 이해하면 별거 아니지만 이렇게 강조하는 이유는 실제 인터넷을 보다 보면 이 차이를 구분하지 못하고 설명해 놓은 글들이 많을 만큼 대부분의 사람들이 가볍게 넘어가는 부분이기 때문이다. 우선 관리형토지신탁 계약서에 정리된 정의가 있으니 아래에 내용을 먼저 이해해 보도록 하겠다.

> '수익자'란 이 신탁계약에 따라 신탁재산으로부터 금전의 지급을 받거나 그 밖에 이 신탁계약서상의 권리를 갖고 의무를 부담하는 자를 말한다.
> '우선수익자'란 수익자들 중에서 이 신탁계약에 따라 신탁재산으로부터 우선적으로 지급을 받을 권리를 갖고 의무를 부담하는 자를 말한다.
> '수익권'이란 이 신탁계약에 따라 수익자가 신탁재산으로부터 금전을 지급받을 권리 그 밖에 이 신탁계약상 수익자가 갖는 모든 권리를 말한다.

'우선수익권'이란 이 신탁계약에 따라 우선수익자가 신탁재산으로부터 금전의 지급을 받거나 그 밖에 이 신탁계약상 우선수익자가 갖게 되는 권리를 말한다.
'우선수익권금액'이란 우선수익자가 이 신탁계약에 따라 신탁부동산의 처분대금 등 신탁재산으로부터 피담보채권의 변제를 위하여 우선하여 지급받게 될 금액의 한도를 말한다.

   여기까지가 관리형토지신탁계약서에서 정의하고 있는 수익권(수익자)와 우선수익권(우선수익자)의 내용이다. 사실 글만 읽고 우선수익자가 수익자보다 우선하여 돈을 받는다는 것을 알겠지만 아직 차이가 명확히 이해가 가지 않을 거라 생각한다. 당연한 거고 필자도 처음에 글로 된 설명을 봤는데 이해가 안 됐다. 이 두 개념이 어떻게 구분되는지에 대해서 아래에 구조도로 표현해 봤는데 그림으로 보면 바로 이해가 되지 않을까 한다. 대부분의 부동산 금융상품들이 아래와 같은 구조로 되어 있으니, 이 구조만 머리에 있으면 처음 보는 부동산 금융상품이라도 이해하기 훨씬 수월해질 거다.

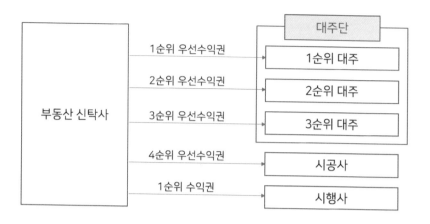

이제 우선수익자가 수익자에 우선하여 돈을 지급받는 이유가 이해가 갈 것이다. 차주에게 대출해 주는 금융기관들이 당연히 시행사에 우선하여 대출에 대한 상환금을 받을 권리가 생기고, 대주들은 차례로 1순위, 2순위, 3순위의 우선수익권을 가져가게 된다. 이 사업의 위탁자이자 수익자인 시행사는 1순위 수익자로 모든 비용을 정산한 후 시행이익으로 남는 모든 수익을 가져가게 된다. 여기서 대주단의 순위를 트렌치(Tranche)라고 하며, 후순위로 갈수록 원리금 상환위험은 더 커진다.

그리고 위에 그림을 보면 시행사보다 우선해서 시공사도 우선수익권을 가지게 된다. 이는 시공사가 공사를 하고 도급계약서에 따라 공사비를 받는데 이때 받는 공사비를 공정률에 따라 100% 다 받는 게 아닌 도급공사비를 일부 유보하고 대주단이 다 상환받은 다음 가져가게 된다. 이 유보한 공사비를 사업이 끝난 뒤 받아가기 위해 시공사는 대주단 바로 다음인 4순위 우선수익권을 설정하게 된다. 시공사가 왜 공사비를 유보할까에 대해 지인들과 대화를 나눴는데 가장 합당하다고 생각했던 이유는 금융비용 절감이었다. 도급공사비의 10%만 줄어도 대출을 받아야 할 금액이 많이 줄어들어서 대출이자나 취급수수료 등과 같은 금융비용이 줄어들기 때문에 시행사가 이 사업에서 수익을 더 많이 낼 수 있게 되기 때문이다.

그리고 추가적으로 설명하자면 위에 구조도에는 없지만, 위의 구조도 기준으로 1순위, 2순위, 3순위 우선수익권자들은 각각 5순위, 6순위, 7순위 우선수익권을 같이 가지게 된다. 5~7순위 우선수익권은 만약 해당 사업장이 특정 기간까지 분양률이 안 올라오게 되면 차주는 그 대가로 대주단에게 트리거 수수료라는 명목으로 지급해야 하는 비용이 발생한다. 만약 정해진 기한 내에 분양이 완료되면 트리거 수수료가 발생하지 않게 되고 5~7순위 우선수익권은 소멸하고, 트리거가 발생한다면 1~4순위 우선수익자들에게 대출 원리금 상환 및 유보공사비 지급 후 각 5~7순위 우선수익자에게 트리거 수수료를 지급한 뒤 수익자인 시행사가 시행이익을 가져가는 방식으로 정산이 된다.

2장

펀드 제안서(Information Memorandum)의 작성 과정 및 구성

딜 제안

딜을 주는 기관은 일반적으로 증권사IB라고 알고 있는데, 운용사에 있으면 생각보다 회계법인 또는 법무법인으로부터 받는 딜도 적지 않다. 그 외에도 부동산 신탁사한테 딜을 제안받는 경우도 있다. 그런데 딜을 받을 때 주의할 점이 있는데 바로 OEM펀드인지 여부이다. 일반적으로 OEM(Original Equipment Manufacturing)이란 주문자 위탁 생산이라 하여, 주문자가 생산을 의뢰해서 제3의 공장에서 물건을 생산한 후, 주문자의 상표를 부착해서 만들어진 상품을 의미한다. 이를 펀드 입장에서 생각해보면, 펀드의 설정 및 운용주체는 운용사가 되어야 하는데 펀드의 설정 및 운용을 운용사가 아닌 판매사(증권사)의 지시를 받아 결정하는 경우에 해당한다. 즉, 운용사가 펀드를 3자의 지

시에 따라 설정 및 운용을 하는 것으로, 이는 자본시장법상 규제대상
이다.

자본시장법 제85조(불건전 영업행위의 금지) 집합투자업자는 다음 각호의 어느 하
나에 해당하는 행위를 하여서는 아니 된다. 다만, 투자자 보호 및 건전한 거래질서
를 해할 우려가 없는 경우로서 대통령령으로 정하는 경우에는 이를 할 수 있다.
8. 그 밖에 투자자 보호 또는 건전한 거래질서를 해할 우려가 있는 행위로서 대통
   령령으로 정하는 행위

자본시장법 시행령 제87조(불건전 영업행위의 금지)
④ 법 제85조 제8호에서 '대통령령으로 정하는 행위'란 다음 각호의 어느 하나에
   해당하는 행위를 말한다.
6. 집합투자업자가 운용하는 집합투자기구의 집합투자증권을 판매하는 투자매매업
   자 또는 투자중개업자와의 이면계약 등에 따라 그 투자매매업자 또는 투자중개업
   자로부터 명령·지시·요청 등을 받아 집합투자재산을 운용하는 행위

위 자료는 '자본시장과 금융투자업에 관한 법률(이하 자본시장법)'에
있는 내용이다. '자본시장법 제85조의 8호' 해당하는 내용은 '자본시
장법 시행령 제87조 4항'에서 확인할 수 있다. 실제로 판매사 쪽에서
투자자(리테일 또는 법인)를 모집해오고 운용사는 펀드만 설정하는 걸
뜻하는 '운용사 비히클'이라는 표현도 있을 만큼 업계에서 종종 보이던
형태였으나, 규제가 심해지면서 이런 형태의 펀드는 현재 사라진 것으
로 보인다.

펀드매니저는 프로젝트를 잘 풀어내는 것도 중요하지만 이와 함께
법적인 부분에 대한 지식도 중요하다. 법에도 종류가 굉장히 많은데

펀드매니저를 준비하는 사람이라면 가장 먼저 앞에서도 계속 언급했던 자본시장법에 대해 공부를 하면 좋다. 물론 현실적으로 자본시장법만 해도 내용이 굉장히 많아서 모든 내용을 다 알 수는 없기 때문에 실무에서도 찾아가면서 업무를 하게 되는데, 최소한 이 책에서 언급하는 내용 정도는 외우고 있는 게 좋다. 자본시장법은 3가지로 구성되어 있는데, 차례로 자본시장법이 나오고 그 상세내용이 자본시장법 시행령에 나오고 또 그 상세내용이 자본시장법 시행규칙에 나와 있다. 보는 방법에 대해 한 가지 팁을 주자면 법을 하나하나 따라가면서 보기 힘든데 위에 3단비교를 누르면 이 3개가 정리된 화면이 나오니 그 창에서 보면 훨씬 편하다.

펀드제안서(Information Memorandum)의 구성

2부 가상 프로젝트에서 본격적으로 프로젝트를 다루기 전에 자산운용사에서 만드는 펀드제안서가 어떤 구성으로 되어 있는지 간단하게 보고 펀드에 대한 기초적인 개념과 단어들에 대해 정리해 보겠다. 우선 자산운용사에서 작성하는 제안서에는 투자제안서와 사모펀드 설명자료가 있고 각각의 용도는 아래와 같다.

투자제안서는 자산운용사에서 만들어서 증권서(판매사)에 제안하고, 증권사의 상품심의를 통과하면 증권사의 PB분들은 자산운용사에서 만든 사모펀드 설명자료를 가지고 투자자(고객)들에게 설명하여 펀드 상품에 가입하게 한다. 정확히 구분하자면 투자제안서는 판매회사 임직원을 대상으로 하는 교육용 자료로 앞에 '판매사사내한'이 붙어 있어서 투자자에게 제공되면 안 된다. 투자자에게는 증권사를 통해 사모펀드 설명자료가 제공된다. 투자제안서와 사모펀드 설명자료는 이처럼 목적이 다른데, 실제로 투자제안서와 사모펀드 설명자료를 구분해서 말하는 사람은 거의 없고 사모펀드 설명자료라는 표현 자체를 쓰는 사람도 거의 없다. 그래서 이 책에서는 이해하기 쉽게 많이 쓰는 표현인 펀드제안서라고 말하는 것들이 실제로는 고객에게 제안하기 위해 만든 자료인 사모펀드 설명자료라고 생각하면 된다. 실무에서 이를 물어보는 사람은 본 적이 없지만 운용사에서 본인이 만드는 자료가 어떤 건지 알고 있으면 좋을 것 같아서 설명했다.

이제 펀드제안서(사모펀드 설명자료)가 투자자에게 제공되는 자료라는 것을 알았다. 다음으로는 투자자에게 제공하는 펀드제안서는 어떻게 만들어야 할까에 관한 고민을 해보려 한다. PB분들은 펀드제안서를 가지고 펀드상품 또는 프로젝트에 대해 잘 모르는 투자자들에게 설명을 해야 하는 상황이고, 투자자들은 그 PB분의 설명과 펀드제안서만 가지고 투자 여부를 결정해야 한다. 증권사 지점에서 요청이 있을 경우 자산운용사에서 지점에 방문해 직원들을 대상으로 설명을 하지만, 다루는 상품들이 워낙 많으셔서 빠르게 모든 내용을 파악하여 고객들에게 설명하기는 어렵다. 그렇다면 이런 상황에서 자산운용사에서는 펀드제안서를 어떻게 만들어야 할까에 관한 고민을 했고 필자가 내린 결론은 '쉬운 제안서'다. '쉬운 제안서'의 수준은 말 그대로 중학생이 봐도 이해할 정도의 수준을 말하며 이렇게 만드는 이유는 첫 번째로 PB분들이 펀드제안서를 가지고 투자자를 모집해야 하는데 내용이 어렵고 복잡하다면 그 펀드상품을 파는 걸 꺼려할 것이고, 두 번째로는 투자자 역시 이해하기 어려운 상품은 투자하기에 거부감이 들 거라 예상되기 때문이다. 굳이 어려운 단어를 쓰지 않고, 누가 봐도 딱 그 의미로 이해할 수 있도록 명확하고 쉽고 깔끔하게 만들어야 한다고 생각했다.

다음으로 중요한 건 '이야기의 순서'다. 이 부분은 사람마다 다를 수 있는데 필자의 경우는 투자자들이 펀드제안서에서 무엇을 가장 먼저 볼까에 관한 고민을 했다. 그리고 필자가 투자자라면 펀드제안서에서 투자대상 상품이 무엇인지, 수익률은 어느 정도 나오는지, 어떤 안전장치가 마련되어 있는지를 가장 먼저 확인해볼 거라는 생각을 했다. 시작부터 수익률이나 안정장치가 아닌 투자대상 상품설명을 위해 입지 및 시장분석만 5~20페이지씩 있는 제안서를 본 적이 있는데 개인적으로 이런 제안서를 원하는 사람이 많을 거라는 생각이 들진 않는다. 이를 토대로 필자가 고민한 펀드제안서의 이야기 순서는 대출형펀드의 경우 ① 표지 → ② 투자자 주의사항 → ③ 펀드개요 → ④ 대출개요 → ⑤ 상환가능성 분석 → ⑥ 위험고지 → ⑦ 자산운용사 소개인데, 이 순서로 펀드제안서를 만들면 좋은 제안서라는 이야기를 들을 수 있을 것이다. 펀드제안서에는 정해진 규칙도 정답도 없기 때문에 필자가 알려주는 이야기 구성과 2부 가상 프로젝트의 양식은 추천일 뿐이니 우선 사수의 스타일에 맞게 만들면서 이 내용을 녹이면 좋은 제안서가 나올 것이다. 아래는 위에서 말한 각 이야기 순서에 들어갈 내용인데 참고하면 좋을 것 같아 간단하게 정리해봤다.

① 표지

일반적으로 프로젝트와 관련된 이미지 또는 자산운용사와 관련 이미지가 들어간다.

② 투자자 유의사항

여기서 주 내용은 원금을 보장하지 않고 자료에 대해 어떠한 책임도 지지 않으니 투자 시 주의하라는 내용이 들어간다. 모든 제안서에 들어가는 페이지인데 인터넷에 찾아서 한번쯤 읽어보면 도움이 될 것이다.

③-1 펀드개요

펀드의 대한 모든 내용이 들어간 페이지다. 여기서 펀드가 어디에 투자하는지, 얼마를 투자하는지, 고객 수익률은 얼마고 펀드비용은 얼마가 발생하는지 모두 나온다. 이 펀드개요에서 아래 표와 같이 펀드에 관한 설명과 펀드 구조도에 대한 내용이 각각 1페이지씩 들어간다.

구 분	내 용
펀 드 명	KAIC일반사모부동산투자신탁제0호
펀드 유형	일반 사모집합투자기구 / 사모형 / 단위형 / 폐쇄형 / 부동산형
위험 등급	1등급(매우 높은 위험)
투자 대상	○○○○ 개발사업 브릿지 대출
모집 금액	30억 원(예정)
펀드 설정일	2020년 00월 00일(예정)
펀드 만기일	2021년 00월 00일(운용기간: 약 13개월 / 대출기간: 약 12개월) (※ 투자자금 전액 회수 시 펀드 조기 청산 예정)
목표 수익률	연 [T.B.D]% 수준(보수 및 제비용 차감 후, 세전)
이익 분배	매 12개월(※ 단 회계기간 중 임의결산을 통해 중간 이익분배 가능)
환매가능여부	환매 불가
투자 자격	다음 중 어느 하나에 해당하는 적격투자자 ① 전문투자자로서 자본시장법 시행령 제271조 제1항에서 정하는 투자자 ② 금 1억 원 이상을 투자하는 개인 또는 법인, 그 밖의 단체
선취판매수수료	납입금액의 [T.B.D]%

펀드 보수	원본액의 연 [T.B.D]% (운용보수 [T.B.D]%, 판매보수 [T.B.D]%, 신탁보수 [T.B.D]%, 사무 관리보수 [T.B.D]%)

펀드명에도 하나하나 의미가 있는데 설명할 내용이 많아서 이 책 3부 1장 신탁계약서에 정리해 두었다. 펀드의 유형도 중요한데 크게 중도환매 가능 여부, 추가설정 가능 여부 2가지로 나뉘며, 이에 대한 설명은 다음과 같다.

① 중도환매 가능 여부에 따른 분류: 개방형 vs 폐쇄형

개방형 펀드는 투자기간 중 환매가 자유로운 펀드로 환매란 펀드에 투자한 투자자가 자신의 투자지분의 전부 또는 일부를 회수해 가는 것을 말한다. 개방형 펀드는 자금의 출금이 자유롭지만 운용사 입장에서는 그만큼 펀드 사이즈가 예상치 못한 시기에 줄어들 수 있어서 자금 운용에 안정성이 떨어진다. 주로 주식형 펀드에 해당한다.

폐쇄형 펀드는 한번 가입하면 펀드의 만기까지 돈을 빼지 못한다. 폐쇄형 펀드는 처음 조성된 자금에 변동성이 없기 때문에 운용사입장에서 상대적으로 안정적인 자금 운용이 가능하다. PF나 유동화, 브릿지 등과 같은 대체투자 펀드들이 주로 이런 폐쇄형에 해당한다. 폐쇄형의 경우 앞에서 말한대로 투자자들은 한 번 납입하면 펀드만기까지 중간에 환매가 불가능하지만 펀드신탁계약서상 수익자 동의가 있는 등 특별한 사유가 있는 경우에는 펀드를 해지해서 돌려받을 수 있다.

여기서 주의할 점은 환매와 중도상환은 다르다는 점이다. 환매는 투자자의 요청으로 투자금을 투자기간 중에 일부 또는 전부를 찾아가는 것을 말하고, 중도상환은 차주가 원리금을 일부 또는 전부 상환하는 것을 말한다. 중도상환과 관련해서는 3부 1장 신탁계약서 중 제34조의 2(중도상환금의 지급)에 자세히 나와있다.

② 추가설정 가능 여부에 따른 분류: 추가형 vs 단위형

추가형 펀드는 고객이 원하면 언제든지 펀드에 추가로 투자할 수 있는 펀드를 말한다. 주로 주식형 펀드에 해당한다.

단위형 펀드는 모집기간을 정해 놓고 해당 기간 동안에만 투자자를 모집하는 펀드를 말한다. 모집 기간이 끝나면 더 이상 펀드에 추가 납입이 불가능하다. 이는 무조건 불가능한 것은 아니고 신탁계약서에 예외상황으로 투자자들이 최초 펀드설정일 이후 일정 기간 동안 추가 납입을 할 수 있게 만들 수 있는데, 이렇게 추가모집기간을 열어두면 펀드 설정 이후에도 추가로 투자자를 받을 수 있다. 추가모집기간과 관련된 내용은 이 책 3부 1장 신탁계약서 제7조(추가신탁) 1호 부분에서 확인할 수 있다.

이번 'KAIC일반사모부동산투자신탁제0호' 펀드의 경우, 펀드 유형에 단위/폐쇄형이라고 적혀 있는데 위에 정리한 내용을 가지고 해석해 보면, 단위형이기 때문에 일정기간 및 추가모집기간 동안 투자자를 모집 할 수 있으며 그 기간이 끝난 후에는 추가 납입이 불가능하고, 폐쇄형이기 때문에 투자금은 그 투자가 끝나 상환받을 때까지 돌려(환매불가)받을 수 없다.

본건의 경우 투자대상을 보면 차주가 개발사업을 위한 토지확보를 위해 브릿지 대출을 받으려고 하는 상황으로 보인다. 30억 원을 요청했는데 브릿지 대출의 경우 펀드 운용기간 동안 수익이 발생하는 상품이 아니기 때문에 모집금액이 전부 토지매입비용으로 사용되는 것이 아닌 금융비용 및 기타비용(취득세, 철거비, 예비비 등)까지 포함된 금액일 것으로 예상된다. 금융비용은 이번 대출이자 및 취급수수료 등을 의미한다.

펀드 대출 기간은 12개월이다. 그런데 여기서 중요한 점은 만기일에 적혀있는 운용기간과 대출기간은 다르다는 점이다. 이 둘의 차이는 운용기간의 경우 신탁계약서 3부 1장 신탁계약서 제5조(신탁계약의 효력 및 신탁계약기간)에 적혀있는 내용으로 언제까지 이 펀드를 운용하겠다는 내용이고, 대출기간은 차주가 돈을 빌리는 대출의 기간으로 대출약정서에서 확인 가능하다. 펀드의 운용기간을 대출기간보다 길게 잡았는데, 이는 차주가 예상치 못한 이유로 대출금을 대출만기 때 갚지 못하는 상황이 벌어졌을 경우, 잡고 있는 담보권을 실행하여 원리금을 상환받기 위한 기간까지 여유있게 잡은 것이다. 만약 운용기간과 대출기간을 비슷하게 잡았는데 차주의 대출금 상환에 차질이 생겨 대출기간이 늘어나고 그 늘어난 기간이 운용기간을 넘기게 된다면 신탁계약기간 연장을 위한 절차를 진행해야 하는데 이 실무 절차는 3부 1장 신탁계약서 제5조(신탁계약의 효력 및 신탁계약기간)에서 설명하지만 절차가 매우 귀찮다.

목표수익률은 투자로부터 발생하는 대출이자수익에서 선취판매수수료 및 펀드보수 등을 제외하고 고객이 받게 되는 수익률이며 보통 연환산수익률로 표시한다. 고객에게 투자에 따른 배당금을 주는 이익분배는 이 펀드의 경우 매 12개월마다 하는데, 이는 필요에 따라서 중간에 임의결산을 통해 이익분배가 가능하다. 참고로 이익분배는 소득세법에 제17조(배당소득)와 소득세법 시행령 제26조의 2(집합투자기구의 범위 등)에 따라 최대 12개월까지 이 안에는 무조건 1회 분배를 해야 한다.

제17조(배당소득) ① 배당소득은 해당 과세기간에 발생한 다음 각호의 소득으로 한다.
5. 국내 또는 국외에서 받는 대통령령으로 정하는 집합투자기구로부터의 이익

제26조의 2(집합투자기구의 범위 등) ① 법 제17조 제1항 제5호에서 '대통령령으로 정하는 집합투자기구'란 다음 각호의 요건을 모두 갖춘 집합투자기구를 말한다.
1. 「자본시장과 금융투자업에 관한 법률」에 따른 집합투자기구(같은 법 제251조에 따른 보험회사의 특별계정은 제외하되, 금전의 신탁으로서 원본을 보전하는 것을 포함한다. 이하 '집합투자기구'라 한다)일 것
2. 해당 집합투자기구의 설정일부터 매년 1회 이상 결산·분배할 것. 다만, 다음 각 목의 어느 하나에 해당하는 이익금은 분배를 유보할 수 있으며, 「자본시장과 금융투자업에 관한 법률」 제242조에 따른 이익금이 0보다 적은 경우에도 분배를 유보할 수 있다.

선취판매수수료는 판매사가 판매금액에서 정해진 비율로 가져가거나 투자를 집행할 때 차주가 주는 취급수수료를 직접 가져간다. 이 두 가지 방식은 어떻게 가져가냐에 따라 펀드설정금액이 달라지니 미리 확인하고 계산해봐야 한다. 전자의 경우 선취판매수수료를 제외한 금액이 실제 펀드설정금액이 되고, 후자의 경우 취급수수료를 가져가는 거라 판매금액에 영향을 미치지 않아 판매금액이 그대로 펀드설정금

액이 될 텐데 이 차이가 중요한 이유는 펀드설정금액을 기준으로 펀드 4대 보수를 지급하기 때문이다. 지금 말하는 판매금액, (펀드)설정금액의 차이가 정확히 어떤 건지 이해가 안 될 거라 생각하기 때문에 아래 표로 정리해뒀다. 아래 표의 내용은 펀드의 가장 기초적인 내용으로 자산운용사에서 일하는 사람이 이 차이를 구분 못 하는 건 있을 수 없는 일이라고 보면 될 정도로 중요한 개념이다

구 분	설 명	비 고
모집(판매)금액	실제 투자자로부터 모집하는 돈	–
(펀드)설정금액	선취 판매수수료를 제외하고 실제 펀드로 설정되는 돈	보수 계산 시 사용
투자금액	차주에게 기표되는 돈 / 대출약정서 상 금액	대출이자 계산 시 사용

이 부분에 대해서는 할 이야기가 많아서 여기서는 다르다는 것만 인지하고 뒤에 가서 계산방법과 함께 다시 한번 자세하게 설명할 예정이다.

③-2 펀드구조

펀드 구조는 프로젝트 투자 프로세스를 그림의 형태로 표현한 것으로 정형화 된게 없다. 기초자산에 따라, 대주단에 따라, 이해관계인에 따라, 채권보전방안에 따라 내용이 달라진다. 물론 부동산 PF펀드의 기본 골자인 부동산신탁 상품이라는 큰 틀은 있기 때문에 비슷한 구조는 있지만 똑같은 구조도는 거의 없다고 할 수 있다. 자세한 내용은

2부 가상 프로젝트에서 구조도를 그려두었으니, 하나씩 보다 보면 이해가 갈 것이다.

④-1 대출개요(Waterfall: 선순위 / 중순위 / 후순위)

투자자 중에는 저위험 저수익을 원하는 분들부터 고위험 고수익을 원하는 분들까지 다양한 유형이 있고, 각 투자자들의 니즈를 충족시키고자 펀드의 대주단을 구성할 때 프로젝트를 Tranche로 나눠 금융구조를 짠다. Tranche란 투자금을 상환받는 우선순위를 정하는 것으로 차주가 원리금 상환시 선순위 투자자는 원금과 수익을 가장 먼저 분배받아 수익률은 낮지만 상대적으로 안전하고, 후순위 투자자는 원금과 수익을 가장 마지막에 받아 가장 위험하지만 높은 수익률을 낼 수 있다. 예를 들어 대주단으로 220억 원을 모아야 하는 딜이 있는데 이를 3개의 Tranche로 나눈 아래와 같은 금융조건의 프로젝트를 받았다고 가정해보자. 그런데 만약 프로젝트가 잘못되어 120억 원밖에 상환을 못 받는 경우 1순위로 100억 원을 투자한 우선수익자는 원금을 다 상환받고 나갈 수 있을 거고, 2순위는 20억 원만 상환 받지만 50억 원은 못 받게 되고, 3순위는 원금 전액 손실로 끝나게 된다. 이렇게 후순위일수록 큰 위험을 지는데, 이를 모든 이해관계인들이 알고 있기 때문에 후순위가 더 많은 이자와 수수료를 가져가게 된다.

(1)	구 분	1순위(Tr.A)	2순위(Tr.B)	3순위(Tr.C)
(2)	대 주	금융기관	금융기관	금융기관
(3)	대출 금액	100억 원(40억 한도)	70억 원	50억 원
(4)	대출 이자	연 5.0%	연 7.0%	연 9.0%
(5)	이자지급방법	1개월 후취	1개월 후취	3개월 선취
(6)	분양매출 대비 LTV	15%	45%	70%
(7)	Exit 분양률	40%	50%	70%
(8)	채권보전방안	[T.B.D]		

(1) 1~3순위라고도 하고, 차례로 Tr.A~Tr.C 또는 선순위/중순위/후순위라고도 읽는다. 순위에는 제한이 없으며 4순위까지 있는 경우에는 같은 맥락으로 4순위 또는 Tr.D라고 하면 된다. 그리고 경우에 따라 하나의 Tranche에 대주가 2곳 이상(이 경우 공동대주라고 한다.)인 경우가 있는데 그 안에서 두 금융기관이 금융조건을 다르게 투자하고 싶을 때는 Tranche 안에서 금액을 나누기도 한다. 예를 들어, 2순위에 공동대주로 각각 A기관이 40억 원, B기관이 30억 원을 투자하는데, (5) 이자지급을 A기관은 1개월 선취로 B기관은 1개월 후취로 받고 싶으면, 2순위를 1개월 선취로 이자를 받는 2-1순위(Tr.B-1), 1개월 후취로 이자를 받는 2-2순위(Tr.B-2)로 만들 수도 있다. 하나의 예지만 이처럼 펀드의 구조는 자유롭게 구조를 짤 수 있다.

(2) 프로젝트 투자자를 대주, 투자 받는 자를 차주라고 하고 위처럼 1~3순위까지 2개 이상의 기관이 투자에 참여하면 통틀어 대주단이라고 부른다. 대주는 금융기관이 될 수도 있으며, SPC가 될 수도 있고, 펀드도 될 수가 있다.

참고로 펀드 부분을 정확하게 설명하면 이 책을 포함해 일반적으로 '펀드로 투자한다.'라는 표현을 많이 하는데, 실제 투자행위는 펀드가 아니라 펀드의 신탁업자가 한다. 펀드신탁계약서를 통해 운용사는 펀드신탁사에 투자신탁재산을 신탁하고, 운용사의 운용지시를 통해 펀드신탁업자가 계약체결 등 실제 행위를 하게 된다. 이 같은 이유로 프로젝트의 관리형 토지신탁계약서, 대출약정서 등 모든 계약서의 날인 당사자를 보면 '펀드신탁업자명(KAIC 일반 사모투자신탁 제0호의 신탁업자의 지위로서)'와 내용으로 계약이 체결되어 있는 것을 확인할 수 있다.

(3) 대출을 실행할 때, 한도대와 일시대라는 말이 있다. 일시대는 말 그대로 일시에 바로 나가는 돈을 의미하고, 한도대는 대출 약정금액에 포함이 되어 있으나 당장 대출을 해주는 것이 아닌 차주가 원하는 시기에 한도 금액에 한해서 필요한 만큼 돈을 꺼내갈 수 있게 한도를 열어주는 방식이다. 간단하게 마이너스통장으로 이해하면 편할 것이다. 1순위의 경우, 100억 원이 대출약정금으로 되어 있는데 기표일날(대주가 차주에게 대출금을 이체하는 날) 먼저 일시대에 해당하는 60억 원을 대출해주고 60억 원에 해당하는 이자를 받고, 향후 한도대에서 30억 원을 더 인출해가면 그날부터 90억 원에 대

해서 이자를 받는 방식이다. 그리고 이 경우 처음 받는 100억 원 중 처음에 60억 원을 인출하고 30억 원 추가 인출 후에 10억 원이 남아있는데, 이 남아있는 부분에 대해서 금융기관 입장에서는 돈이 묶여있는 게 되기 때문에 그에 대한 보상으로 미인출 잔액에 대해 미인출수수료를 받게 되는데, 수수료라고 되어있지만 일시에 받는 게 아닌 이자처럼 정해진 금리에 일 할 계산하여 돈을 받는다.

한도대와 관련하여 펀드입장에서 중요한 점은 펀드로도 한도대 투자가 가능은 하지만 좋은 유형의 펀드는 아니다. 그 이유는 예를 들어 펀드를 처음 설정할 때 모집금액이 100억 원이면 100억 원을 모집하여 투자를 하고 100억 원에 해당하는 이자를 받아 고객에게 어느 정도 정확한 목표수익률을 제시할 수 있다. 그런데 100억 원 중 40억 원이 한도대라면 차주가 한도대를 사용하지 않을 수도 있기 때문에 대출형 펀드임에도 불구하고 고객에게 정확한 목표수익률을 제시할 수 없게 된다.

비슷한 유형으로 블라인드 펀드(투자대상을 정하지 않은 상태에서 투자금을 먼저 모으고 이후 투자처를 찾아 투자하는 방식의 펀드)가 있는데 일종의 캐피탈 콜(Capital Call: 투자금을 모아 놓고 필요할 때마다 집행) 형태로 투자금이 나가기 때문에 한도대보다 펀드의 목표수익률을 예측하기 더 어려워서 이때는 6.0~8.0%와 같이 밴드형태로 목표수익률을 넣기도 한다. 블라인드 펀드는 아직 투자대상이 없지만 펀드를 설정할 때 어느 정도 목표수익률 또는 특정 유형의 상품에만 투자하겠다 같은 기본적인 가이드라인을 만들기 때문에 수익률이 저 밴드 안으로 들어올 수 있도록 펀드매니저가 포트폴리오를 짜야 한다.

(4) 대출 이자는 대주단 중 원리금 상환순위가 가장 빠른 1순위의 이자가 가장 낮고, 마지막인 3순위가 가장 높다. 그리고 위 표에는 없으나 대주는 이자와 함께 취급수수료라는 것을 받는다. 이자 및 취급수수료의 계산과 관련하여 3순위를 예로 설명하면 이자의 경우 50억 원의 연 9%인 약 4.5억 원을 1년간 받는 거고, 취급수수료의 경우 1%가 붙으면 대출 실행과 동시에 이자와는 별개로 50억에 1%인 5천만 원을 한 번에 받는다는 이야기이다.

이때 주의할 점은 차주로부터 받는 이자가 이자제한법상 법정 최고 이자율인 20%(2021년 7월 기준)를 넘기는지를 계산해봐야 한다는 점이다. 이는 All-In 금리를 보면 되는데 계산방법은 다음과 같다. 3순위의 경우 대출금 50억 원, 이자 연 9%에 만약 취급수수료 4%를 1년 동안 대출한다고 해보자. 우선 이 경우 1년 All-In 금리는 연 13%가 되는데, All-In이 대출이자와 취급수수료 등을 포함하여 이번 대출에서 받을 수 있는 전체 수익을 의미하기 때문이다. 그리고 대출금, 이자, 취급수수료가 같은 조건이고 기간이 6개월짜리 상품이라면 금리는 연 9%였으니 그대로지만, 취급수수료는 대출기간이 반 년밖에 지나지 않으면서 취급수수료를 연환산 계산하면 8%를 받은 셈이 되어 All-In이 17%가 된다. 반대로 대출을 2년 동안 받았으면 금리는 연 9% 그대로에 취급수수료는 2% 받은 셈이 되어 All-In 은 11%가 된다. 이렇게 기간에 따라서도 All-In이 바뀔 수 있으니 이자제한법상 법정 최고 이자율인 20%가 넘지 않도록 대출기간까지 고려하여 계산해야 한다. 수식으로 이야기하면 'All-In=이자+수수료*12/대출기간' 이렇게 연환산 계산하면 되니 미팅

할 때 바로바로 계산할 수 있도록 상식으로 알고 있어야 한다.

이렇게 대출만기가 예정대로 흘러가면 좋은데 문제는 차주가 조기상환 했을 경우이다. 예를 들어 위와 같은 조건으로 대출금 50억 원, 이자 연 9%, 취급수수료 4%를 12개월간 대출받았다고 생각해보자. 그런데 만약 차주가 대출금은 3개월만에 갚는다면 대출이자 연 9%에 취급수수료는 16%를 받은 게 돼서 All-In이 25%가 되고 법정최고 이자율을 초과하게 된다. 3순위 금융조건을 기준으로 지금까지 이야기한 내용을 간단하게 표로 정리하면 아래와 같다.

대출 기간	1년 (기준)	6개월	3개월
대출 이자	연 9%	연 9%	연 9%
취급수수료(연환산)	4%	8%	16%
All-In	13%	17%	25%

펀드를 만들 때는 숫자 하나하나, 문장 하나하나 쓰는 데 조심하고, 여러 가정도 세워보고 일어나서 안 되는 일은 펀드제안서와 대출약정서에 내용을 명확히 넣어야한다.

(5) 이자지급 방법을 선취로 할지, 후취로 할지 그리고 몇 개월마다 받는 걸로 할 지 크게 문제가 되지 않는다면 대주가 원하는 방식으로 받을 수 있다. 중요한 부분은 아니지만 선취냐 후취냐에 따라 운용사 입장에서 업무처리를 할 때 사소하게 달라지는 부분이 있다. 예를 들어 이자지급 주기가 1개월이고 배당주기가 1개월인 경우, 선취로 받으면 미리 투자자들에게 배당해 줄 돈이 미리 들어와 있으

니 배당일에 이자가 입금이 잘 되려나 하는 걱정을 안 해도 되서 마음이 편하다. 반면 후취일 경우 차주로부터 이자가 들어오겠지라고 생각하지만 어쨌든 실제로 이자를 받아야 투자자들에게 배당해 줄 수 있으니 차주가 정확한 금액으로 무사히 입금을 했나 계속 확인해봐야 한다. 연락하는 곳은 실제로 돈을 받는 펀드의 신탁사에 메신저나 전화를 해보고 돈이 안 들어왔다고 하면 대리금융기관 또는 부동산신탁사에 전화해서 확인해보면 된다.

차주로부터 이자가 제대로 들어올지 걱정되는 경우 펀드를 설정할 때 아예 이자를 전액 선취로 다 받는 방법이 있다. 하지만 이렇게 전액 선취로 이자를 받게 되면 모든 부담은 차주에게 간다. 예를 들어 10억 원을 금리 연 9%에 1년간 대출하는 경우, 1년간 발생하는 금리 연 9%에 해당하는 약 9천만 원을 대출금에서 공제하고 대출을 해준다. 즉, 대출일 날 실제로 차주가 받게 되는 돈은 약 9.1억 원이 된다. 여기에 만약 취급수수료가 2%가 있었다고 해보자. 취급수수료는 대출약정금액을 기준으로 하기 때문에 10억 원에 2%로 2천만 원이 되는데 이렇게 됐을 경우 최종적으로 차주가 이번 대출로 실제 받게 되는 돈은 약 8.9억 원(=10억 원-선취이자 9천만 원-취급수수료 2천만 원)이 된다.

(6) 분양매출 대비 LTV, (7) Exit 분양률과 관련해서는 2부 가상 프로젝트에서 계산하는 방법과 함께 자세히 설명하겠다. 세 번째 프로젝트에서 직접 작성해 볼 수 있게 만들어놓은 프로젝트도 하나 있으니 시간 날 때 직접 해보면 공부가 될 것이다.

(8) 채권보전방안은 어떻게 투자자의 원금을 보호하고, 펀드를 안전하게 운용하기 위해 어떤 안전 장치들을 마련했는지 적는 곳이다. 중요한 부분이고 프로젝트마다 내용이 다르기 때문에 2부 가상 프로젝트에서 자세히 알아보겠다.

④-2 사업개요

위의 대출개요 뒤에 이어서 사업개요에 대한 설명을 한다. 사업개요의 내용은 이 대출을 통해 투자하는 대상 부동산이 어떤 건물이고, 공사가 진행중인 사업장이면 현재 분양률과 공정률이 어느 정도인지와 그 외에 사업 일정 등 프로젝트 전반적인 이야기가 들어간다. 사업성이 있는지를 설명하기 위해 이 지역 인근 분양사례와 매매사례는 어떤지도 조사하여 넣으면 좋다.

⑤ 상환가능성 분석

①~④에서 금융조건과 투자대상에 대한 이야기를 했고, 이어서 ⑤에서는 상환가능성 분석에 대한 이야기가 나온다. 지금까지 본 내용을 요약해서 이야기하면 투자자의 투자금이 어디에 어떤 구조로 되어있는 상품에 투자가 되고, 원금을 보전하기 위한 채권보전 방안이 어떻게 마련이 되어 있고 사업장은 어떤지에 대해 알았다면, 여기에서는 PF의 경우 분양률이 어느 정도일 때 투자금이 상환될 지 계산해보는 상환가능성 분석이 나온다. 중요하지만 어려운 내용도 아니고 프로젝트 내용에 따라 계산이 달라지기 때문에 이와 관련해서는 2부 가상 프로젝트에서 자세히 설명하도록 하겠다.

⑥ 위험고지

 펀드매니저라면 이 위험고지 부분에서 깊은 고민을 해야 한다. 만약이 펀드와 관련해서 어떠한 문제가 생겼는데 그 내용이 위험고지에 없었다면 해당 매니저와 운용사는 많은 책임을 지게 된다. 물론 아무리 고민한다 해도 예상하지 못한 일이 발생할 수도 있지만, 일단 문제가 생기고 위험고지에 표기가 안 되어 있다면 불완전 판매가 된다. 불완전 판매는 금융기관이 고객에게 상품의 운용방법, 위험도, 손실가능성 등 필수사항에 대해 충분히 알리지 않고 판매하는 것을 말한다. 펀드의 경우 투자원금 또는 수익률을 보장하는 행위, 사실에 근거하지 않은 판단자료, 출처를 제시하지 않은 예측 자료를 투자자에게 제시하거나, 펀드의 가치에 중대한 부정적 영향을 미치는 사항을 알고도 미리 투자자에게 알리지 않고 판매하는 행위 등이 이에 해당하게 된다.

 여기까지가 펀드 제안서에 들어가는 내용이다. 쭉 읽으면서 전체적인 흐름과 어떤 내용들이 필요한 지 감은 왔지만 부분부분 나눠서 설명하여 깔끔하게 이해가 안 되는 부분도 있을 텐데, 여기서 공부한 내용을 2부 가상 프로젝트에 대입하며 읽으면 확실하게 이해가 될 거라 생각한다.

고객 수익률 계산

예전에 A라는 분께서 처음에 펀드를 설정하면서 판매사가 선취판매수수료를 가져가면 펀드가 손실을 보고 시작하게 되는데, 기표하면서 받은 취급수수료가 어떻게 그대로 반영되어 기준가격이 확 뛸 수 있냐는 질문을 하신 적이 있다. 아직 이게 무슨 소리인지조차 이해가 안될 텐데 중요한 부분이라 자세히 설명해보겠다. 우선 이 부분을 이해하기 위해서는 기준가격이 무엇인지와 기준가격이 어떻게 결정되는지 알아야 한다.

먼저 기준가격이란 펀드의 수익증권을 매수·매도할 때 기준이 되는 가격으로 1,000을 기준으로 움직인다. 주식에 비유하자면 1,000이라는 기준가는 주가에 해당하고, 펀드의 수량을 세는 단위인 '좌'는 주식에서 '주'의 의미로 이해하면 된다. 이런 펀드의 기준가는 매일매일 발생하는 수익과 비용을 계산하여 반영이 되며 일반사무관리회사에서 관리한다. 조금 더 자세한 내용에 대해서는 이 책 3부 1장 신탁계약서 제29조(기준가격 산정 및 제시)에 자세히 나와있으니 참고로 보면 좋을 것 같다. 다음으로 기준가격이 어떻게 결정되는지를 이해하기 위해서 앞에 사용했던 표를 다시 가져와봤는데 같이 보면서 읽으면 이해가 더 잘 될 거라 생각한다.

구 분	설 명	비 고
모집(판매)금액	실제 투자자로부터 모집하는 돈	
(펀드)설정금액	선취판매수수료를 제외하고 실제 펀드로 설정되는 돈	보수 계산 시 사용
투자금액	차주에게 기표되는 돈 / 대출약정서 상 금액	대출이자 계산 시 사용

펀드매니저는 펀드를 설정할 때 모집하는 돈을 판매금액, 설정금액, 투자금액으로 구분해서 고민을 해야한다. 판매금액은 실제 투자자가 펀드에 넣은 돈을 말하며 모집금액이라고도 한다. 다음으로 설정금액은 실제로 펀드로 설정되는 금액이다. 당연히 판매금액이 설정금액이 되는 게 아닌가라는 생각이 들겠지만, 여기서 선취판매수수료 때문에 큰 차이가 생기게 된다. 만약 판매금액으로 100억 원을 모집한 펀드에 선취판매수수료 2%가 있다고 할 경우 실무에서 사용하는 계산법이 있지만 일단 여기서는 단순계산으로 2억 원을 공제한 98억 원이 펀드의 설정금액이 된다. 선취판매수수료가 없는 펀드라면 특별한 이유가 있지 않는 이상 판매금액과 설정금액은 동일할 것이다. 다음으로 투자금액은 실제 차주에게 기표하는 금액으로 이 숫자는 대주와 차주 간에 체결하는 대출약정서에서 확인이 가능하다. 이 투자금액 이상으로 투자금을 준비하지 못하면 기표를 못하는 사고가 나게 되고 반대로 투자금액보다 준비한 투자금이 많으면 남은 투자금이 펀드에서 놀게 되면서 고객수익률이 떨어지게 된다. 그래서 사전에 운용사와 판매사는 얼마를 모집(판매)해서 기표할 것인가에 대해서 조율해야 한다. 투자자 모집과 관련하여 오버북킹이라는 말이 있는데, 운용사에서 정한

판매금액보다 많은 투자금이 모이게되는 경우를 말한다. 이럴 경우 나중에 신청한 투자자들에게 예를 들어 대기번호를 나눠주고, 앞에 투자자가 투자를 포기하면 뒤 번호 투자자의 투자금을 넣어서 판매금액을 맞추는 방식도 사용한다. 실제로 운용사에서는 판매사에 혹시 오버부킹됐냐고 물어보는데 만약 오버부킹이 됐으면 기표 직전에 갑자기 투자자가 빠지더라도 다음 투자자의 자금을 넣으면 되서 사고가 날 걱정이 덜어진다.

그렇다면 이제 A라는 분이 해주셨던 질문에 대한 답을 해보겠다. 기준가격은 최초로 펀드가 설정되는 날 1,000이 된다. 여기서 일반적으로 말하는 펀드가 설정됐다고 하는 날은 돈이 들어온 날이고 기준가 1,000은 위에서 말했듯이 펀드 설정금액을 기준으로 계산된다. 그런데 이 설정금액은 처음에 판매사가 모아온 판매금액에서 선취판매수수료가 빠진 값으로 실제 투자자로부터 모집했던 판매금액보다는 금액이 줄었지만, 펀드의 기준가는 설정금액으로 결정되므로 줄어든 금액 기준으로 1,000이 되기 때문에 펀드 입장에서는 손해를 보고 시작한다고 할 수는 없다. 이제 이 기준가가 1,000인 상태에서 차주에게 대출을 해주고 일시로 펀드의 수익이 되는 취급수수료를 10% 받으니 당연히 그 취급수수료만큼 펀드의 수입으로 잡혀 기준가도 약 10% 뛰게 되는 것이다. 아직 처음 접하는 분들은 개념에 대한 정리가 안 되어 있어서 바로 이해하기 어려울 텐데 어떤 느낌인지는 감이 올 거라 생각한다.

그리고 이걸 정확하게 구분해서 이해하고 있어야 하는 이유는 목표수익률 계산 때문이다. 계속 펀드 입장에서 얘기했는데, 고객 입장에서는 본인의 돈이 그대로 투자됐다고 생각할 것이다. 하지만 앞에서 말한 선취판매수수료라는 게 있고 실제로는 고객의 원금이 깨진 상태에서 투자를 하게 된다. 매니저가 가장 중요하게 신경 써야 하는 부분은 이러한 점을 감안하고 펀드제안서에 고객 수익률을 계산해야 한다는 점이다. 실무적으로 이 깨진 원금을 복구하는 방법은 다양하니 상황에 맞게 처리하면 된다.

고객 목표수익률을 계산하는 방법은 간단하게 얘기하면 펀드로 들어오는 돈과 나가는 돈을 생각해보면 된다. 들어오는 돈은 PF펀드의 경우 차주에게 받는 이자가 있고 이 이자금액은 대출약정서상 적혀 있는 투자금액을 기준으로 받게 된다. 다음으로 나가는 비용은 여러 가지가 있는데 가장 비중이 큰 비용은 펀드보수이다. 펀드보수는 운용보수, 신탁보수, 판매보수, 일반사무관리보수라고 해서 총 4개가 있고, 이는 설정금액을 기준으로 받는다. 운용보수를 포함한 4개의 보수를 4대보수라고 하며, 4대보수는 신탁계약서상에 정한 비율로 가져가게 되는데 이 내용은 책 3부 1장 신탁계약서 제37조(보수) 부분에서 확인이 가능하다. 보수를 계산할 때 사용하는 단위로 % 또는 bp를 사용하는데 실무에서는 일반적으로 bp로 많이 이야기한다. 1%는 100bp고 0.3%는 30bp로 이해하면 된다. 여기까지 수익률 계산을 위한 이자와 보수 계산기준에 대해서 공부했고, 다음으로 공부할 내용은 이자와 보수의 계산기간은 어떨까에 대한 내용이다.

일단 이 상품의 경우 이자를 기표일날 받는다는 점에서 3개월 단위 선취고 6개월 단위로 결산을 하는 펀드라는 걸 알 수 있다. 여기서 설명하려는 핵심부터 이야기하면 펀드의 보수계산기간은 펀드가 설정되는 2021년 1월 6일부터 펀드의 상환결산일인 2022년 1월 7일까지고(양편넣기), 차주가 내야 하는 이자계산기간은 기표일인 2021년 1월 7일부터 대출만기인 2022년 1월 7일(한편넣기)까지다. 펀드는 차주에게 원금을 상환받는 날 대부분 바로 상환결산을 하게 되는데, 그 이유는 차주가 원금을 상환하면 이자는 더 이상 발생하지 않지만 펀드가 남아있으면 펀드보수가 계속 발생하여 고객수익률을 떨어트릴 수 있기 때문이다.

참고로 이 그림에서 펀드만기가 상환결산한 다음 날인 이유는 실무적으로 상환결산한 익영업일에 고객들에게 분배가 되기 때문이다. 1차 결산도 마찬가지로 다음 날이 영업일이라면 2021년 7월 8일에 고객에게 실제 배당금이 지급된다. 위에는 예시는 이해하기 쉽게 만들었는데 만약 실제로 고객CF를 짰다면 2022년 1월 8일은 토요일이니 실제 펀드만기는 월요일인 2022년 1월 10일인 월요일로 자료를 만들었을 것이다. 그리고 월요일이 원리금 지급일이기 때문에 마지막 결산인 상환결산일은 원리금을 받고 바로 하는 게 아니라 실제 투자자에게 원리금을 지급하는 전날인 2022년 1월 9일 일요일에 상환결산을 하라는 운용지시를 보내게 될 것이다. 이는 만약 2022년 1월 7일로 상환결산을 하면

1월 8~9일 이틀치 펀드보수를 못 받고 펀드가 청산되기 때문이다.

　위에서도 말했지만 펀드를 설정할 때 '펀드신탁계약 상 펀드만기'를 예상되는 '실제 대출만기'보다 1개월 정도 여유 있게 버퍼를 두는데, 목표수익률을 계산할 때는 실제 대출기간으로 계산하므로 버퍼로 인한 기간은 수익률 계산에 영향을 미치지 않으니 신경쓰지 않아도 된다. 마지막으로 하나만 더 설명하면, 이자는 원금을 상환하는 날에는 이자가 발생하지 않으니 한편넣기로 계산하면 되지만, 보수는 상환결산일까지 발생하므로 양편넣기로 계산하면 된다. 이렇게 이자와 보수는 계산 방법이 다르기 때문에 마지막에 보면 이자기간과 펀드운용기간이 차이가 나게 되는데, 내용을 요약하면 아래와 같다.

구 분	기 간	일 수
보수계산기간	2021. 01. 06. ~ 2022. 01. 07. (양편넣기)	367일
이자계산기간	2021. 01. 07. ~ 2022. 01. 07. (한편넣기)	365일

2부

가상 프로젝트

이제부터는 본격적으로 프로젝트에 대해 이야기를 해보려고 한다. 여기에서 설명하는 각 프로젝트들은 유형별로 필자가 공부했던 내용을 설명하기 좋게 간단한 숫자와 구조로 만든 가상의 프로젝트다. 프로젝에 대한 이야기는 2부에서 펀드제안서 작업, 3부에서 펀드신탁계약서 검토하는 방법에 관해 적었으니, 프로젝트에 어떻게 접근하고 어떤 부분을 공부하면 되는지 생각하며 읽으면 좋을 것 같다. 이 책에서 설명하는 내용은 필자가 공부했던 걸 정리하여 적은 것으로 실무에서는 운용사마다 그리고 팀마다 세세한 절차가 다를 수 있으니 전반적인 흐름만 참고하면 될 것 같다.

지금부터 2부에서 진행되는 프로젝트 설명과 관련해서는 자산운용사가 주간사(이 단어는 주간사회사[主幹事會社]가 맞으나, 일반적으로는 대화할 때 주간사라고 하기 때문에 이 아래로는 주간사라고 하겠다.)로부터 프로젝트를 제안받았다는 가정부터 이야기를 시작하겠다. 프로젝트는 크게 두 가지로 나누어서 설명할 예정인데, 1장에서는 부동산 관련 3개의 프로젝트파이낸싱(PF)에 대해서, 그리고 2장에서는 2개의 유동화대출(ABL)에 관해 공부할 예정이다. 부동산금융을 준비하면서 PF는 들어봤어도 ABL은 많이 접하지 못했을 수도 있는데, 간단하게 말하면 매출을 담보로 대출을 해주는 금융상품이다. 유동화대출는 대표적으로 부동산의 경우 시행이익유동화 대출이 있는데, 이는 사업을 정산하고 시행사가 가져가게 될 시행이익을 담보로 하는 대출이고, 기업의 경우 장래매출채권유동화대출가 있는데 이는 장래에 발생할 기업의 매출을 담보로 대출을 해주는 것이다. 이 둘은 기초자산만 다르지 구조는 비슷하니 다양하게 눈에 익혀두면 나중에 어떤 구조가 와도 이해하는 데 도움이 될 것이다.

[부동산 프로젝트 큰 흐름]

부동산의 전체 프로젝트에서 대출형 상품이 가능한 구조는 크게 브릿지 대출, 본PF 대출, 시행이익 유동화 대출 3가지가 있고 프로젝트는 위 순서대로 진행된다. 그래서 위 그림의 사업흐름이 머릿속에 있다면 프로젝트를 제안받았을 때 어디쯤 진행되고 있는 사업인지 알 수 있다.

맨 처음에 있는 브릿지 대출부터 알아보겠다. 브릿지 대출 자체의 사전적 의미는 일시적인 자금난에 빠질 경우 자금을 연결하는 다리 역할을 해주는 대출을 말한다. 부동산에서 브릿지 대출은 본PF를 일으키기 전 토지를 매입하기 위해 받는 대출을 의미하는데, 시행사가 돈이 많아서 자체자금으로 토지를 바로 계약하고 잔금까지 치를 수 있으면 브릿지 대출을 받을 필요가 없지만 그렇지 않은 경우가 대부분이기 때문에 시행사는 브릿지 대출을 통해 금융기관으로부터 사업부지 마련 자금을 대출받게 된다.

브릿지대출과 관련한 프로젝트를 예로 들면 시행사가 공동주택이나 오피스텔 등으로 사업부지 개발을 하기 위해 토지를 매입하려고 한다. 그런데 이 부지의 전체 토지가격은 1,000억 원인데 매매를 하기 위해 먼저 지불해야 하는 토지계약금이 10%로 100억 원 정도가 필요한 상황이다. 이때 매매계약체결을 위해 이 토지 계약금의 10%인 100억 원을 마련해주는 대출을 토지계약금대출, 뒤에 잔금 90%는 토지잔금대출로 구분한다. 그리고 이 계약금과 잔금을 포함한 1,000억 원 전체에 대한 대출을 토지브릿지대출이라고 하게 된다. 그림으로 표현하면 아래와 같다.

[브릿지 대출의 구조]

토지브릿지대출(100%)	
토지계약금대출(10%)	토지잔금대출(90%)

토지계약금대출과 토지잔금대출 및 토지브릿지대출에는 금융상품으로써 차이가 있는데 토지계약금대출의 경우 담보로 잡을 수 있는 게 없고, 토지잔금대출 및 토지브릿지대출은 매입대상 토지를 담보로 잡을 수 있다는 점이 다르다. 이러한 담보의 유무 때문에 상품의 위험도와 그에 따른 금리수준도 많이 다르다는 점을 알고 있으면 된다.

브릿지대출이 가진 위험요소는 사업인허가가 가능한지, 본PF를 일으

키려는 시점에 시장이 어떻게 바뀌어 있을지, 본PF 대주단 모집이 브릿지 대출 만기 시점 전에 받을 수 있을지, 경우에 따라 명도위험은 문제 없이 해결할 수 있을지 등이 확실하지 않다. 그렇기 때문에 브릿지 대출은 대출승인을 받기 어려운 상품에 속하며, 실제로 토지주와 협의가 잘 안 되어 토지를 매입하지 못하거나 인허가를 받지 못해 펀드가 터지는 사고가 나기도 한다. 이러한 브릿지 대출의 Exit은 일반적인 경우 본PF 대출을 통해 이뤄지지만, 예정대로 진행이 안 되어 리파이낸싱으로 상환받는 경우도 많다. 브릿지대출은 특별히 공부할 만한 구조도나 채권 보전방안이 없기 때문에 이 책에서 다루지 않을 내용이라 간단히 이야기했는데, 브릿지대출의 종류와 차이만 이해하고 있으면 나중에 실무에서 만나게 되더라도 어려움 없이 풀어낼 수 있을 것이다.

다음으로 본PF 관련 설명이다. 시행사가 토지를 매입하고 다음으로 할 일은 공사를 위한 각종 사업비 조달 및 브릿지 대출을 상환하기 위한 대출을 알아봐야 하는데 이를 본PF라고 한다. 본PF는 어디에 위치한 사업장인지, 주거시설과 근린생활시설의 비중은 어떤지, 인근 거래 사례와 비교해 보았을 때 제안받은 사업장의 분양가는 적정한 수준인지 등 사업성과 관련된 다양한 요소를 판단해야 하며, 대출금액과 대출금리 같은 금융조건은 어떻게 할지, 채권보전 방안은 어떤 게 있고 담보는 어느 정도 수준인지에 따라 프로젝트에 대한 판단이 천차만별이기 때문에 본PF는 어떠하다 정의하기 힘들다. 그렇기 때문에 이 책에서도 PF 부분에 대한 설명이 가장 많은데, 1장에서 서로 다른 구조로 되어있는 3개의 PF 프로젝트를 진행하면서 각 구조별로 어떤 차이점이 있는지 공부해보려 한다.

마지막 내용은 시행이익 유동화 대출이다. 시행이익 유동화는 말 그대로 미래에 사업을 정산하고 나서 시행사가 가져갈 시행이익을 유동화하는 프로젝트다. 이 상품은 검토하는 데 특별히 어려운 점은 없지만 미래에 발생할 시행사의 이익을 예상하고 이를 담보로 대출을 해주는 구조라 예상치 못한 위험에 노출되어 상환재원이 줄어들 수 있기 때문에 꼼꼼하게 검토해야 한다. 2장 유동화 대출에서 2개의 프로젝트를 다룰 예정이며 하나가 이 시행이익 유동화 대출이고 나머지 하나는 장래매출채권 유동화 대출인데 같은 유동화지만 안에 내용이 전혀 달라서 비교해서 보는 재미가 있을 것이다.

물론 대체투자 관련 펀드는 이게 다가 아니다. 대체투자 중 부동산에는 실물매입 펀드, 담보대출 펀드 등 다양한 종류가 있다. 모든 부동산 펀드 대해 공부하고 싶은 분들도 있겠지만, 이 책에서는 부동산 금융에 입문하시는 분들을 대상으로 하고 있기 때문에 대부분의 증권사나 운용사에서 가장 많이 검토하고, 케이스 스터디를 하기 좋은 대출형 펀드를 중심으로 PF 프로젝트를 이해하고 ABL을 통해 다양한 구조를 스터디하는 데 초점을 두고 있다. 이 5개의 프로젝트 구조만 이해하면 나중에 어떤 딜이 들어오더라도 어려움 없이 프로젝트에 접근할 수 있을 거라고 생각한다.

그리고 각 프로젝트는 'Term-Sheet(투자계약 주요조건) → Information Memorandum(펀드제안서) → 계약서 검토' 3단계로 구성되어 있다. Term-Sheet에는 해당 프로젝트와 관련하여 조건이 정리되어 있는 자료고, 이를 토대로 Information Memorandum(펀드제안서)을 만들고, 기표를 위한 각종계약서를 같이 검토해보는 구조로 설명되어

있으니 천천히 순서대로 읽으면 된다. 그러면 이제 본격적으로 5개의
가상 프로젝트에 대해 공부해보겠다.

1장

프로젝트 파이낸싱(PF)

[첫 번째 프로젝트]
A시 도시형 생활주택 개발사업 후순위 PF대출

[Term-Sheet]

구 분	내 용
프로젝트명	A시 도시형 생활주택 개발사업
대출금액	70억 원
대출기간	대출일로부터 36개월
금 리	연 8%
취급수수료	3%
차 주	㈜차주
이자지급방법	매 3개월 선취
조기상환 가능여부	조기상환 가능(조기상환수수료는 조기상환 금액의 1%)
채권보전방안	① 관리형토지신탁 3순위 우선수익권 ② 시공사, 신탁사 책임준공 ③ 차주 대표이사 연대보증, 차주 사업시행권 포기각서 제출 ④ 시공사 시공권 및 유치권 포기각서 제출

　　운용사의 프로젝트는 일반적으로 주간사의 딜 제안으로 시작한다.

처음 자산운용사에 프로젝트를 제안하는 주간사의 경우 인사도 드릴 겸 운용사로 오셔서 설명하는 킥오프 미팅(Kickoff Meeting)을 하는데, 운용사 입장에서 프로젝트를 보면 실제로 진행 가능한 딜이 많지 않아서 일단 프로젝트 관련 자료를 달라고 요청하고 검토 후 프로젝트가 괜찮으면 연락을 드리고 설명을 듣는다.

주간사와 만나면 전반적인 사업의 배경과 사업장의 특이사항 등 구체적인 내용에 대한 대화를 하며 프로젝트 진행 여부를 결정하게 된다. 보통 주간사에서 자체적으로 만든 제안서를 주는데, 담당자마다 스타일이 달라서 어떤 곳은 2페이지로 만들어 주는 곳도 있고, 어떤 곳은 시장분석까지 다해서 30페이지짜리를 주는 곳도 있다. 주간사는 대부분 증권사가 되는데 증권사 제안서에 정해진 형태는 없지만 양과 상관없이 핵심적으로 들어가는 내용이 있는데, 바로 Term-Sheet(투자계약 주요조건)이다. Term-Sheet은 위의 경우 주요 금융조건만 적어놨는데, 실제로는 ① 주요 금융조건 및 사업 관련 이해관계인, ② 사업수지 및 Exit 민감도분석, ③ 사업장 관련 사항(주요 일정, 현재 상태 등) 등을 간략하게 2~3p로 정리해 놓은 자료다. 시장분석과 같은 세세한 내용은 나중에 봐도 되고 일단 중요한 건 Term-Sheet을 봐야 우선 이 프로젝트가 상품화가 가능한지 판단할 수 있다. 만약 이 단계에서 운용사에서 진행하기로 하면 본격적으로 사업 관련 자료 일체를 요청하고 운용사 차원에서 실제 원리금 상환가능성 및 사업성 분석 등을 깊이 있게 검토하면서 펀드 설정을 준비하게 된다.

첫 번째 프로젝트의 배경설명을 하면 본 건은 A시에 도시형 생활주택을 개발하는 건이고, 시행사는 공사에 필요한 필수사업비 확보 및 브릿지 대출상환을 위한 본PF 대출을 받고자 하는 상황이다. 주간사는 우선 차주와 금융조건을 협의하고, 협의한 내용을 Term-Sheet으로 작성해 운용사를 포함한 대주에게 제안하게 된다. 금융조건의 자세한 내용은 차주의 요청 또는 대주의 요청에 따라 언제든지 변경될 수 있다. 위 Term-Sheet의 의미는 한 줄로 정리하면 '지금 본PF 후순위 대주를 모집하는 중인데, 이러한 조건으로 투자해주실 수 있는지 검토해주세요.'라는 내용으로 이해하면 된다. 그러면 Term-Sheet을 차례대로 자세히 보겠다.

프로젝트명: 이번 프로젝트는 A시에 위치한 사업장이고 도시형 생활주택 본PF 건이다.

대출금액: 대출금액은 70억 원이다. 이 말은 차주에게 지급되는 대출약정서상 투자금액이 70억 원이라는 의미이고, 70억 원은 사모펀드 기준 리테일로 모집했을 때 프로젝트만 괜찮으면 쉽게 모을 수 있는 수준이다. 그리고 실제 프로젝트를 진행하면서 펀드 설정일까지 투자금이 모이지 않는 경우가 있는데 이런 문제를 해결하고자 추가설정기간(이 책 3부 펀드 설정 관련 업무 중 신탁계약서 제7조 추가신탁)동안 자금을 모집해 추가기표하는 방법이 있다. 이렇게 최초 기표 이후 추가기표를 하는 방식으로 나눠서 대출을 진행해도 되는지 여부는 일반적으로 차주의 동의만 있으면 되는데 동의해 줄지 여부는 차주의 자금용도에 따라 달라진다. 예를 들어 펀드설정일에 대출약정서상의 금액

이 모두 필요한 게 아니면 나눠서 기표가 가능하겠지만, 반대로 예정 날짜에 토지계약금을 치러야 하는 등 그날 금액이 모두 필요한 상황 이라면 설정 자체가 취소될 수도 있다.

대출기간: 대출 기간이 길다. 대출형 펀드는 1년이 적당한 투자기간 이라고 생각하면 된다. 그 이유는 기간이 길 경우, 투자자 입장에서는 돈이 몇 년간 묶여 있는 상태(폐쇄형펀드의 경우 환매가 불가능하기 때문에)가 되기 때문에 부담스럽고, 투자자를 모집하는 판매사 입장에서 도 원리금이 빨리 회수가 되고 새로운 투자를 해야 선취판매수수료를 통해 수익을 낼 수 있는데 관리하는 고객의 투자금이 한 펀드상품에 오래 묶여있으면 많은 수익을 낼 수 없게 된다. 반대로 짧아도 문제다. 예를 들어 4대보수를 받은 운용사, 판매사, 펀드신탁사, 일반사무관리 회사는 펀드설정금액, 보수, 운용기간을 보고 어느 정도 수익이 날 수 있는 펀드구나 판단을 하는데, 기간이 짧으면 펀드설정금액이나 보수 가 아주 높지 않은 이상 각 기관에서 요구하는 만큼의 기대수익이 발 생하지 않아 거부당할 수도 있다. 이 프로젝트의 경우 36개월로 대출 기간이 길지만 입지, 분양성 등을 검토해봤을 때 상품성이 있던 프로 젝트라고 가정하고 설명하겠다.

금리, 취급수수료: 70억 원에 투자기간이 36개월이고 금리 연 8%, 취급수수료 3%니까 All-In은 9%다.

차주: ㈜차주는 이번 대출을 요청한 회사다.

이자지급방법: 이 펀드는 매 3개월 단위 선취로 이자를 수취한다. 선취의 의미는 예를 들어 이자기간이 3월 1일 ~ 6월 1일까지라면 3개월간의 이자를 3월 1일에 받는다는 이야기다. 후취는 반대로 6월 1일에 이자를 받는다. 이처럼 이자수취에는 선취와 후취 방식이 있는데, 펀드 입장에서는 미리 이자가 들어오는 선취 방식이 마음이 더 편하다. 참고로 브릿지대출이나 시행이익 유동화 상품 같은 경우 본PF처럼 펀드 운용기간 중 분양을 통해 수익이 발생하지 않기 때문에 펀드를 설정할 때 대출이자금액을 포함하여 투자금을 모집하고 기표를 할 때 이 이자금액만큼을 공제하고 차주에게 대출을 해주게 된다.

조기상환 가능여부: 대출을 실행하고 시간이지나 차주가 대출금을 갚을 수 있는 상황이 되어 대출약정상 대출만기일보다 일찍 상환을 하려 하는데, 자산운용사에서 펀드 수익을 더 내고 싶어서 일방적으로 상환을 받지 않는 것은 말이 안 된다. 그렇다고 해서 차주가 금리가 더 저렴한 곳으로 바꾸려고 1년짜리 펀드인데 1개월만에 새로 대출을 일으켜 대환하는 것도 있어서는 안 되는 일이다. 차주가 조기상환을 해버리면 운용사를 포함해 판매사, 수탁사, 일반사무관리에서는 설정 및 해지 관련 업무는 평소와 똑같이 했는데 각 보수가 설정할 때 예상했던 수익보다 확 줄어 인건비도 안 나오는 상황이 발생할 수 있고, 펀드 투자자 입장에서도 생각했던 투자 스케줄이 꼬이게 될 수도 있다. 이를 방지하고자 만든 게 조기상환수수료다. 차주 입장에서는 금리가 더 저렴한 기관에 대환대출을 하려고 해도 조기상환수수료가 있다면 금리로 엄청 저렴한 기관을 찾지 않는 이상 조기상환할 확률이 낮

아지고, 조기상환수수료를 내서라도 대환을 하면 펀드 입장에서도 단기간에 높은 수익률을 낼 수 있어서 그렇게 나쁜 상황은 아니게 된다. 여기서 받는 조기상환수수료는 펀드 투자자에게 지급되는 수수료이기 때문에 4대보수를 받는 입장에서 투자기간이 줄어들면서 보수도 줄어든다는 사실에는 변함이 없지만, 투자자에게 약속한 목표수익률보다 연환산으로 더 높은 수익률을 주고, 투자금을 무사히 상환시켰기 때문에 그렇게 나쁜 상황은 아니게 된다.

그리고 조기상환을 받을 때 주의할 부분이 있는데 바로 법정최고금리(2021년 7월 말 기준 20%)다. 조기상환을 받는 그 시점에 All-In이 몇 %인지 계산해봐야 하고, 만약 조기상환을 받는다고 하면 그 시점의 All-In금리가 법정최고금리를 넘기게 되는지 확인해봐야 한다. 만약 차주가 조기상환을 하려 하는데 상환을 받으면 법정최고금리가 넘어가게 되는 난감한 상황이 생길 수 있어서, 이런 일을 방지하기 위해 종종 조기상환가능(단, n개월 안에 조기 상환금지)라는 문구가 들어간다. 이 부분에 대해 다른 분들과 대화를 하다 보면 n개월 조기 상환금지 문구가 '최소한 받아야 하는 4대보수 때문이다.'라는 이야기도 있는데, 법을 위반하지 않기 위한 장치라는 게 더 맞는 말이라고 생각한다.

마지막으로 채권보전방안은 중요한 부분이라 하나하나 보도록 하겠다.

① 관리형토지신탁 우선수익권이 들어가 있는 걸 보면 이 사업장은 관리형 토지신탁으로 진행되는 프로젝트이며, 대주단으로 참여하면서 상환에 있어서는 시행사의 수익권보다 우선하여 회수해갈 수 있는 '우선수익권'

을 확보할 수 있다는 것을 알 수 있다. 우선수익권자들은 '우선수익권 증서'라는 걸 받게 되는데 이는 대출을 실행하고 나서 부동산신탁사가 대주단에게 실물로 발행하며 이 실물 우선수익권증서는 펀드의 경우 펀드신탁사에서 보관한다. 우선수익권 증서 외에 실물로 받는 계약서들이 있는데 이 역시 대부분 펀드신탁사에서 보관한다. 그 이유는 펀드의 신탁업자가 이 프로젝트의 실제 대주로 들어가서 약정서에 날인을 하기 때문이다. 참고로 운용사가 펀드의 집합투자업자 지위에서 날인하는 경우가 있는데 이때는 운용사도 실물계약서를 받는다. 그리고 종종 대리금융기관이 있는 경우 계약서는 원본 1부만 만들어 대리금융기관이 모두 보관하고 나머지 이해관계인은 사본을 가져가기도 한다.

② 대부분의 사업장은 시공사의 책임준공이 거의 무조건 따라온다고 보면 된다. 시공사의 책임준공이 유의미하다는 판단 기준으로는 보통 '대한건설협회'라는 사이트의 도급순위표에서 100위권 안에 해당하는 시공사를 의미한다. 물론 시공사마다의 특징도 있고 심사하는 기관마다의 기준이 다르고 알짜 시공사들도 많기 때문에 이런 순위가 절대적인 건 아니지만 검토하는 프로젝트에 참여하는 시공사의 도급순위는 기본적으로 알고 있어야 한다. 그리고 시공사의 도급 순위가 만약 100위권 밖인 경우, 대부분 부동산신탁사의 책임준공을 더 붙이게 된다. 이렇게 되면 사업비가 증가하지만 시공사리스크를 어느 정도 해결할 수 있기 때문에 본PF 심사를 통과시키기 위해서는 꼭 필요한 부분이다. 아래는 실제 계약서 내용인데 한 번쯤 읽어보면 좋다.

1. 시공사의 책임준공의무 및 미이행 시 채무인수
(1) 시공사는 최초 대출실행일 이후 어떠한 경우에도 본건 사업에 대한 책임준공의
무를 책임준공기한까지 이행하기로 한다.
(2) 시공사가 제1항에 따른 책임준공의무를 이행하지 않아 대리금융기관이 시공사
에게 이를 통지하는 경우, 시공사는 채권자에 대한 대출약정상의 피담보채무
를 중첩적으로 채무인수하여 즉시 미상환 대출원리금을 포함한 피담보채무 전
액을 변제하여야 하고, 귀책사유를 불문하고 여하한의 사유로 위 채무인수를
부인하지 못한다.
(3) 제2항에 따른 채무인수 이후 시공사가 인수한 잔여 대출금채권을 전액 상환한
경우에 한하여 시공사는 대주가 차주에 대하여 보유하는 권리를 대위하며, 차
주에 대하여 그 상환한 금액 전부의 구상을 청구할 수 있고, 차주는 시공사로부
터 본 항에 따른 청구를 받은 즉시 시공사에게 그 상환한 금액 전부를 지급하
여야 한다.
(4) 시공사 본 약정 체결일에 대주들에게 본조의 내용을 반영한 책임준공 등 이행
확약서를 제출 및 체결하여야 한다.

2. 신탁사의 책임준공의무 및 미이행 시 손해배상
(1) 시공사가 책임준공의무를 이행하지 못할 경우, 차주 및 시공사는 신탁사로 하
여금 신탁사 책임준공기한까지 시공사의 책임준공의무와 동일한 책임준공의무
를 이행하도록 하여야 하며, 신탁사가 본 조에 따른 책임준공의무를 이행하지
못한 경우 대주들에게 발생한 손해(연체이자를 포함한 대출원리금 상당액)를
전액 배상하도록 하여야 한다.
(2) 신탁사가 제1항에 따라 대주들에게 발생한 손해를 전액 배상한 경우, 그 배상
한 손해액 전부의 구상을 시공사에게 청구할 수 있고, 차주 및 시공사는 신탁
사로부터 본 항에 따른 청구를 받은 즉시 신탁사에게 그 배상한 손해액 전부
를 연대하여 지급하여야 한다.
(3) 신탁사의 본 조에 따른 책임준공의무 이행이 완료된 경우로서, 차주가 신탁사
의 고유재산으로부터 차입금이 존재하는 경우, 차주 및 시공사는 신탁사로 하
여금 해당 차입금을 본 약정에 따른 대출원리금이 전액 상환된 이후에 신탁재
산에서 회수하도록 하여야 한다. 다만, 해당 차입금을 본 약정에 따른 대출원
리금보다 우선하여 회수하는 것에 대하여 대주 전원이 사전에 서면동의한 경
우에는 예외적으로 본 약정에 따른 대출원리금에 우선하여 해당 차입금이 회
수될 수 있는 것으로 한다.

읽어보면 시공사 다음 부동산신탁사의 순서로 책임이 발생하고 계약
의 내용이 강력하다는 것을 알 수 있다. 더 자세한 내용은 위 계약서에
적힌 책임준공이행확약서에 나와있으나 설명하기에는 불필요한 내용이
많으니 지금은 위의 내용만 이해하고 있으면 충분할 것이고, 자세한 건
나중에 실무에서 또는 인터넷 검색을 통해 찾아서 읽어보면 된다.

③ 차주 대표이사 연대보증, 차주 사업시행권 포기각서 제출이라는 부
   분은 사실 문제가 생겼을 때 책임을 지라는 것보다는 대표의 마음
   가짐을 본다고 생각하면 된다. 부동산 펀드 관련 차주는 시행SPC
   인 경우도 많아서 재무제표(재무상태표, 손익계산서 등)가 몇 년째
   당기순이익이 적자거나 신생법인인 경우가 많다.

④ 시공사 시공권 및 유치권 포기각서 제출은 시공사에 문제가 생겼을
   때 시공사를 빠르게 교체하기 위해 미리 받아둔다고 생각하면 된
   다. 시행사 시행권 포기각서도 같은 이유다.

이런 식으로 Term-Sheet을 보고 1차적으로 운용사에서 투자가 가
능한지 검토를 한다. 운용사마다 투자하는 기준이 조금씩 다르기 때
문에 사이즈가 작다든가, 기간이 짧다든가 위험하다는 등의 이유로
내부심의 자체에서 통과를 못하는 경우가 있다. 주간사 업무를 하시는

분이라면 이 부분을 참고하여 한두 곳에서 검토를 안 해준다고 포기하지 말고 다양한 운용사에 **태핑**(간단하게 제안하다)을 해봐야 한다. 이어서 이번에 참여하는 3순위를 포함한 이 프로젝트 전체 PF 대출 개요에 대해서 보도록 하겠다. 대출개요는 아래와 같다.

[대출개요]

구 분	1순위(선순위)	2순위(중순위)	3순위(후순위)
대출금액	100억 원	220억 원	70억 원
대출이자	연 6%	연 7%	연 8%
취급 수수료	–	2%	3%
LTV	20%	50%	60%
Exit분양률	35%	55%	65%
대 주	금융기관	금융기관	본 펀드

　수익률도 중요하지만 수익률만큼 펀드에서 중요한 게 무엇이냐라고 한다면 Exit(대출금 회수)이다. 당연하지만 상환을 못 받는 펀드는 투자하는 의미가 없다. 그 다음 가능하면 금리와 수수료가 높을수록 좋은 딜이라고 할 수 있다. 각 트렌치가 얼마나 안전한가를 보기 위해 LTV와 Exit분양률을 보는데, 위 표의 대주단 중 우리 펀드가 투자하는 3순위를 기준으로 자세히 설명하겠다. 여기에서 LTV의 계산은 총 분양매출 대비 대출원금의 비율로 이 사업에서 발생하는 총 분양매출 대비 우리가 대출해 주는 대출금액이 몇 % 수준인지를 의미한다. LTV는 당연히 높을수록 더 위험하다. 다음으로 Exit분양률이다. 이 프로젝트는 도시형 생활주택을 신축하는 건으로 분양매출을 통해 대출금 상환재원이

마련된다. 이는 분양률이 몇 %까지 올라와야 우리 펀드가 상환되는지 알기 위해서 필수적으로 봐야 하는 부분으로 일반적으로 프로젝트의 상환가능성을 말할 때는 LTV가 아니라 이 Exit분양률이 몇 %인지를 이야기한다. Exit분양률도 당연히 높을수록 위험하다.

다음으로 대주단에 대한 설명을 하겠다. 대주단이 아직 구성이 안 되어 있으면 [TBD]로 넣거나 특정기관에서 회사명을 빼달라는 요청이 있으면 금융기관이라고 넣기도 한다. 가능하면 투자하는 금융기관을 명확하게 쓰는 게 좋지만, 펀드제안서의 경우 여기저기 뿌려질 수 있기 때문에 어디 기관이 투자한다고 소문이 날 수 있어서 이렇게 하기도 하는데 참고로 알고 있으면 된다.

[펀드제안서(IM)]

위의 조건으로 주간사로부터 투자를 제안받았고 자산운용사에서는 내부 회의를 통해 투자를 하기로 결정했다고 가정하고 이야기를 진행 하겠다. 투자를 결정하고 운용사에서 다음으로 하는 일은 자산운용사 양식의 IM(펀드제안서)을 만드는 일이다. 이번 장에서는 자산운용사의 펀드제안서를 어떤 구성으로 만드는지 과정을 보여주고 그 안에 들어가는 세세한 이야기를 해보려고 한다. 펀드제안서의 경우 분량에 제한은 없으며 회사 내부 양식이나 사수가 원하는 스타일로 만들면 되는데, 이런 가이드가 없는 상황이라면 필자가 알려주는 순서로 제안서를 작성하면 된다. 필자가 생각하는 좋은 제안서는 아무래도 제안서의 용도가 판매사 PB분들 및 투자자에게 정보를 제공해주기 위함이니 내용을 최대한 쉽고 간략하게 만들어야 한다고 생각한다.

1부 펀드 전체 구조에서 자산운용사 제안서의 구성은 [① 표지 → ② 투자자 주의사항 → ③ 펀드개요 → ④ 대출개요 → ⑤ 투자대상 분석 → ⑥ 위험고지 → ⑦ 자산운용사 소개]라고 알려주었는데, 프로젝트와 관련 없는 부분을 제외하고 여기서부터는 [③(→①) 펀드개요 → ④(→②) 대출개요 → ⑤(→③) 투자대상 분석 → ⑥(→④) 위험고지]를 중점적으로 설명을 하겠다.

① **펀드개요** → ② 대출개요 → ③ 투자대상 분석 → ④ 위험고지

① 펀드개요

펀드개요에는 크게 펀드의 기간, 수익률, 보수 등 전체적인 내용이 정리된 ①-1. 펀드개요와 해당 펀드가 어디에 어떤 방식으로 투자하는지 그림으로 설명되어 있는 ①-2. 펀드구조로 2페이지를 기본으로 한다. 앞에서도 이야기했지만, 이런 구성에 대한 건 규정이라던가 업계의 암묵적 룰이 있는 게 아닌 필자가 생각하는 가장 보기 좋은 구성일 뿐으로 그때그때 상황에 맞게 각자의 판단으로 자료를 만들면 된다.

구 분	내 용
펀드명	KAIC일반사모투자신탁제1호
펀드유형	일반 사모집합투자기구 / 사모형 / 단위형 / 폐쇄형
위험등급	1등급(매우 높은 위험)
투자대상	A시 도시형 생활주택 개발사업 3순위 PF대출
모집금액	약 70억 원(예정)

설정일	2020년 10월 초(예정)
만기일	2023년 11월 초(예정) (운용기간: 약 37개월 / 대출기간: 약 36개월) (※ 투자자금 전액 회수 시 펀드 조기 청산 예정)
목표수익률	연 [TBD]% 수준 (보수 및 제비용 차감 후, 세전)
이익분배	약 3개월
환매가능여부	환매 불가
투자자격	다음 중 어느 하나에 해당하는 적격투자자 ① 전문투자자로서 자본시장법 시행령 제271조 제1항에서 정하는 투자자 ② 금 1억 원 이상을 투자하는 개인 또는 법인, 그 밖의 단체
선취판매수수료	납입금액의 [TBD]%

기본보수	총 기본보수	원본액의 연 [TBD]%
	운용 보수	원본액의 연 [TBD]%
	판매 보수	원본액의 연 [TBD]%
	신탁 보수	원본액의 연 [TBD]%
	사무관리보수	원본액의 연 [TBD]%

이 프로젝트 맨 앞에 주간사가 준 Term-Sheet을 토대로 제안서 펀드개요 부분을 작성해보았다. 정확한 내용은 프로젝트가 진행되면서 구체화될 텐데, 일단은 기본적으로 들어가야 하는 양식에 자료에서 파악할 수 있는 내용을 채워넣었다. 첫 프로젝트니까 하나씩 꼼꼼하게 보고 다음 프로젝트부터 중복되는 내용은 넘어가겠다.

펀드명: 예탁원, 판매사 등에 등록되는 펀드의 이름으로 운용사에서 정하면 된다. 펀드명을 만드는 데는 규칙이 있는데, 이는 2009년에 금

융감독원 '펀드명칭 표기기준안'을 통해 펀드명만 봐도 투자자들이 해당 펀드의 성격, 구조, 특성 등을 알 수 있도록 변경되었다. 펀드명과 관련하여 자세한 의미는 3부 설정 관련 업무 중 신탁계약서 맨 처음에 나와있으니 참고하면 된다. 개인적인 팁을 하나 말하면 펀드명에 띄어쓰기를 하지 않는 게 좋다. 외부 또는 내부자료를 만드는데 펀드명이 길다 보니 담당하는 사람마다 띄어쓰기가 다 달라진다. 예를 들어 '일반 사모부동산', '일반 사모 부동산' 등 이렇게 되면 나중에 검색하기도 힘들고 정리했을 때 통일감도 없어 보이니 아직 회사에 이런 양식들이 정해진 게 없다면 다 붙이는 게 좋다.

펀드유형: 단위/폐쇄형은 위에서 설명을 했으니 넘어가고, 사모집합투자기구는 자본시장법 9조 19항에 따라 100인 이하로 투자자를 모아야 한다는 의미이고, 일반 사모집합투자기구의 투자자는 시행령 249조의 2(일반 사모집합투자기구의 투자자)인 ① 또는 ②의 투자자격에 해당하는 적격투자자들을 의미한다.

투자대상: 펀드의 투자대상을 의미한다. 종종 후순위라고만 되어있는 자료들이 많은데 필자는 펀드가 정확하게 몇 순위 투자자인지 명확하게 기재하는 게 맞다고 생각해서 3순위 PF 대출로 이름을 넣었다. 이 프로젝트의 경우, 1/2/3순위로 선/중/후가 확실하지만 Tranch가 4개 이상만 되어도 사람들마다의 기준이 달라서 후순위라고만 하면 불필요하게 정확하게 몇 순위인지 한 번 더 물어봐야 하는 번거로움이 생길 수 있다.

펀드설정일: 펀드가 실제로 설정되는 날을 말하며, 차주에게 돈을 대출해주는 기표일과는 다르니 펀드를 운용하는 사람이라면 헷갈리지 않게 주의해야 한다. 펀드가 설정되는 날이자 펀드보수의 계산시작일인 펀드설정일과, 투자를 집행하는 날이자 이자 계산의 시작일인 기표일의 차이를 이해하는 건 수익률 계산을 할 때 굉장히 중요하니, 이 둘의 차이에 대해서는 반드시 기억하고 있어야 한다. 참고로 펀드가 설정되는 날은 신탁계약서 체결일도 아니고 펀드코드를 따는 날도 아닌 펀드에 실제로 돈이 들어온 날을 의미한다.

그리고 펀드 설정 전에 대출약정서 등 계약서에 도장을 찍는 약정식을 보통 펀드 설정하기 전날하는데, 경우에 따라 약정식을 펀드설정일 전날보다 더 일찍 하거나 펀드 설정 당일 날하는 경우도 있으니 계약하는 시점 자체는 중요하지 않다. 다만, 너무 일찍 계약을 체결할 경우 중간에 계약 서류들 내용이 바뀌어서 약정을 한 번 더 해야 하는 경우가 생길 수 있으니 개인적으로는 모든 이해관계인들이 충분히 계약서 검토를 끝나고 기표 전날에 하는 게 적당하다고 생각한다.

펀드만기일: 대주와 차주간의 대출약정서에 쓰이게 될 대출기간은 36개월이겠지만, 혹시 모를 상황을 대비해 펀드의 만기는 대출기간에서 1개월 버퍼를 두고 37개월로 잡았다. 그러면 버퍼를 더 길게 잡으면 좋은 게 아닌가 하겠지만 너무 길면 투자자들이 문제가 있는 펀드인가 하는 오해를 살 수 있기 때문에 적당한 수준에서 잡는 게 좋다. 버퍼를 잡는 이유에 대해 구체적인 예시를 들면 차주의 예상치 못한 이유로 대출원리금 상환이 지연되는 경우가 있다. 예를 들어 대출만기

가 2월 6일까지라 펀드만기를 2월 7일로 잡았는데 예상치 못한 이유로 차주가 원리금을 2월 6일이 아닌 2월 8일에 입금을 했다고 해보자. 참고로 여기서 펀드만기를 대출만기보다 하루 뒤로 잡은 건, 실무적으로 펀드청산 절차가 차주로부터 원리금을 받은 날 상환결산을 하고 익영업일에 투자자들에게 원리금이 지급되기 때문인데 자세한 건 뒤에서 다시 이야기하겠다. 이런 상황이 발생할 경우 원리금이 들어온 게 6일에서 8일이 된 것으로 겨우 이틀 차이지만 펀드 입장에서는 신탁기한 연장을 해야 한다. 신탁기한 연장을 하기 위해서는 이 책 제3부 신탁계약서 제41조1항에 따라 수익자에게 통지 및 동의서 받고, 운용사에서는 예탁원을 포함하여 몇 곳에 펀드를 재등록 및 수정하고 금융정보교환망에서 변경보고를 해야 하는 등 펀드해지를 앞두고 이런 번거로운 일들을 처리해야 상황이 발생한다. 필자는 이런 일을 사전에 방지하고자 펀드 만기일을 적당히 여유롭게 잡은 것이다.

목표 수익률, 선취판매수수료, 총보수: 이 부분에 대해서는 설명할 내용이 많아서 ④ 위험고지까지 이야기하고 마지막에 따로 정리하려고 한다. 필자는 보통 고객수익률의 계산은 프로젝트를 시작할 때 엑셀로 대략적인 투자자CF를 만들어 계산한다. 위에 금리와 수수료가 이미 나와있기 때문에 펀드운용기간 동안의 수입을 알 수 있고 지출도 4대보수 등 고정적으로 나가는 비용들을 감안하여 딜이 들어왔을 때 이자수취일과 배당일을 임의로 넣어 대략적으로 투자자CF를 만들 수 있다. 사실 투자자CF를 만들지 않더라도 딜이 들어왔을 때 대략적인 목표수익률을 알 수 있는데, 이렇게 미리 계산해두는 이유는 프로젝트를 진행하면서 갑자기 All-In이나 판매금액, 설정금액, 4대보수 등이 갑자기 바뀌어도 목표수익률에 영향이 없는지 바로바로 계산을 하기 위함이다. 그리고 펀드제안서에 목표수익률은 연환산 계산해서 넣어야 한다.

참고로 대출형 펀드의 경우 딜에서 바로 목표수익률 계산이 가능한 이유는 All-In 9%(금리 연 8%, 수수료 3%, 대출기간 3년)로 약 연 9%의 대출이자가 발생한다는 걸 알 수 있고, 여기에 4대보수 등 비용을 대략 2%로 잡으면 고객에게 줄 수 있는 목표수익률이 연 7% 내외겠구나 하는 대략적인 값을 알 수 있기 때문이다. 물론 정확한 계산은 이자지급스케줄, 배당스케줄, 윤년적용여부, 펀드설정시점 및 기표시점 등 다 확정되어야겠지만, 연 7% 수준에서 크게 흔들리지 않으니 펀드로 가능하겠다는 판단을 내리고 프로젝트를 진행하게 된다.

①-2. 펀드구조

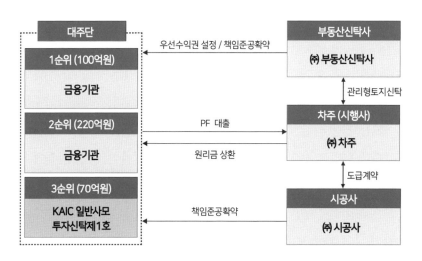

다음으로 펀드구조는 투자가 전체적으로 어떻게 진행되는지를 설명하는 장표이며, '펀드구조도'라는 그림을 통해 설명한다. 펀드구조는 부동산신탁구조에 따라 일반적으로 들어가는 이해관계인들이 있는데 투자구조가 비슷하여 다른 상품들의 구조를 참고하고 Term-Sheet을 통해 해당 프로젝트의 내용을 채우는 방식으로 초안을 만든 후 주간사와 미팅을 통해 정확한 내용을 하나씩 확인하며 수정하게 된다. 펀드구조도는 보다시피 간단하면서도 펀드의 전체 이야기를 담고 있는 가장 중요한 장표이므로 화살표의 방향과 내용, 숫자 등 틀리지 않게 신경을 써야 한다. 필자가 만든 펀드 구조도를 보고 구조도가 어떻게 생겼고 어떤 내용들이 들어가는지 이해하고 왜 저런 흐름으로 진행되는지 생각하면서 꼼꼼하게 읽어보면 도움이 될 것이다.

① 펀드개요 → ② 대출개요 → ③ 투자대상 분석 → ④ 위험고지

다음으로 ② 대출개요에 관한 이야기를 하겠다. 대출개요는 이 프로젝트의 대출조건이 어떻게 되는지에 대한 부분이다. ① 펀드개요와 다른 점은 펀드개요가 우리 펀드에 대한 내용이 자세히 적혀있는 장표라고 한다면, 대출개요는 우리 펀드를 포함한 프로젝트에 투자하는 전체 대주단의 대출 및 금융조건에 대한 내용이 들어가는 장표라고 보면 된다. 이 장표에서는 대주단이 어떤 조건으로 투자하고 어떤 안전장치들을 마련하였는지에 관한 이야기를 한다. 여기서 대출개요라는 말은 이 펀드가 PF대출 펀드이기 때문으로 이렇게 적었는데, 만약 사모사채에 투자하는 펀드라면 사모사채 개요가 나올 것이다. 제목과 내용은 그때그때 맞게 수정하면 된다.

구 분	1순위(선순위)	2순위(중순위)	3순위(후순위)
대출금액	100억 원	220억 원	70억 원
대출이자	연 6%	연 7%	연 8%
취급 수수료	–	2%	3%
LTV	20%	50%	60%
Exit분양률	35%	55%	65%
대출기표일	2020년 00월 초(예정)		
대출만기일	2023년 00월 초(예정)		
자금조달목적	토지매입비(기 대출금 상환 포함), 공사비, 금융비용 등		
연체이자	대출금리 + 연 3%		
원금상환방법	만기 일시 상환		
조기상환 가능여부	가능		
조기상환 수수료	조기상환금액의 1.0% (※ 단, 분양수입금 또는 준공후 담보대출로 상환 시 면제) 매월 최초 인출일 응당일에 한하여 1억 원 단위 상환 가능 (5 영업일 전 통지)		
채권보전조치	① 관리형토지신탁 우선수익권 ② 시공사, 신탁사 책임준공 ③ 차주 대표이사 연대보증, 차주 사업시행권 포기각서 제출 ④ 시공사 시공권 및 유치권 포기각서 제출		
인출선행조건	사업부지 관리형토지신탁계약을 비롯한 금융관련 계약의 체결 시공사의 책임준공 및 미이행시 채무인수 의무 관련 내부 수권절차 완료 신탁사의 책임준공 및 미이행시 손해배상 의무 관련 내부 수권절차 완료 시공사 도급계약 체결 기 계약된 사업부지 매매계약의 체결 및 유지, 매매계약서 사본제출 법무법인 법률의견서 제출 및 기타 대주가 요구하는 담보조건 완비		

인출후행조건	최초 인출일로부터 5영업일 이내 관리형토지신탁에 따른 우선수익권 증서의 발급 기타 대주가 합리적으로 요청하는 사항		
할인분양	최초인출일 이후 전체 기준 일정시점에 총 매출 대비 최소 분양률 미달 시, 최초 분양가격기준 할인범위 내에서 할인분양 또는 상응하는 분양 촉진책 실시		

구 분	D+8개월	D+14개월	D+20개월
목표 분양률	40%	55%	70%
할인율 (누적)	5% 이내	추가 5% (누적 10%)	추가 5% (누적 15%)
트리거 수수료	1.0%	1.0%	1.0%

※ 할인분양 후 분양수입금 배분 시 대출금상환적립계좌 배분은 최초 분양가 기준으로 집행하고 남는 금원을 운영계좌로 집행

분양수입금 배분	구분	대출금 상환	사업비
	준공 전	75%	25%
	준공 후	100%	0%
자금관리	계좌종류	예금주	목적 및 자금관리 방법
	대출금입금계좌	차주	대출금의 실행, 대주 질권 설정
	분양대금입금계좌	신탁사	분양수입금 관리
	운영계좌	신탁사	배분한 분양수입금으로 사업비 지급
	대출금상환적립계좌	신탁사	배분한 분양수입금 적립 및 대출금 상환

전체적으로 주간사 Term-Sheet에 있는 내용과 많이 겹친다는 것을 알 수 있다. 위에 인출 선/후행조건, 할인분양, 분양수입금 배분, 자

금관리 등은 추가요청을 해서 받은 자료에 있는 부분인데 다 중요한 내용들이니 꼼꼼하게 한번 읽어보면 좋다.

인출 선행 및 후행조건: 인출선행과 인출후행의 구분은 펀드에서 차주 계좌로 돈이 기표되는 시점을 기준으로 나뉜다. 인출선행조건의 경우 대주단이 기표하기 전 꼭 자료를 확인해봐야 할 사항들이 적혀있고, 인출후행조건은 기표 후 각 이해관계인들이 지켜야 하는 일들에 대한 내용이다. 이를 지키지 못할 경우 대주는 대출약정금의 전부 또는 일부 인출을 거부하고 약정을 해지할 수 있다. 인출선행조건들은 일반적으로 각종 계약서들이 적법하고 유효하게 체결되었는지, 토지매매계약 등 사업부지는 정상적으로 확보하였는지 같은 내용들이 들어가고 여기에 프로젝트별로 특수한 조건들이 추가될 수 있는데 모든 내용이 꼭 기표 전에 모두 충족되었는지를 반드시 확인해야 한다.

할인분양: 할인분양은 목표분양률을 달성하지 못한 경우 사용되는 분양촉진책 중 하나다. 분양여부는 계약금 전액(일반적으로 분양가액의 10%)을 분양대금입금계좌에 입금한 경우 인정된다. 할인율에 보면 '추가 5%'가 있는데 이 의미는 기준시점(+8M, +14M, +20M)에 목표분양률을 달성하지 못했을 경우 5%씩 추가로 할인되고 누적으로 최대 15%까지 할인된다는 뜻이다. 트리거 수수료는 이렇게 각 기준시점에 목표분양률을 달성하지 못할 때마다 차주가 대주에게 지급해야 하는 수수료를 의미하는데, 이 부분과 관련하여 지급 순위와 방법에 대해서 이 책 1부 1장 펀드 기본 구성 부분 중 맨 마지막에 자세히 설명했으니 넘

어가고 추가적으로 하나 더 알고 있어야 하는 부분에 대해서 이야기하겠다. 트리거 수수료가 발생하면 펀드 입장에서는 한 가지 문제가 생긴다. 바로 원리금 상환 이후 트리거 수수료 지급까지 시간 차이다. 아래 실제 대출 및 사업약정서에 있는 내용 일부를 가져왔다.

> 위약벌인 트리거 수수료(Trigger Fee, 패널티 수수료라고 부르기도 한다.)로서 각 대주별 대출약정금의 1.0%에 해당하는 금원을 준공 후 시공사의 최초 공사비, 유보 공사비 지급이 완료된 날로부터 오(5)영업일 이내에 각 대주에게 지급하여야 한다.

만약 차주가 원리금을 상환하여 이제 이 펀드를 포함한 1~3순위 우선수익자들은 원리금을 상환받을 텐데, 펀드는 트리거수수료를 받아야 하기 때문에 원리금을 상환받아도 바로 펀드를 청산하지 못한다. 이 부분이 문제가 되는 이유는 차주가 대출 원리금을 상환했기 때문에 더 이상 이 프로젝트에서는 이자가 발생하지 않아 펀드에 수익은 없는데 펀드가 존속하는 것만으로도 4대보수 등 비용이 계속 발생하여 고객 수익률이 낮아지기 때문이다.

이 부분을 해결하기 위한 방법으로 우선 펀드가 청산되지 않게 상환받은 원리금 중 원금 1억 원만 남기고 고객에게는 이 1억 원을 제외한 나머지 원리금을 지급해준다. 그리고 트리거수수료가 들어올 때까지 펀드를 유지했다가 트리거수수료가 들어온 뒤 펀드에 남아있던 원금 1억 원과 트리거수수료를 투자자에게 지급해주며 펀드를 청산하면 된다. 비록 1억 원에 대해서 4대보수가 발생하겠지만 설정금액 전체에서 발생하는 비용에 비하면 적은 금액일 것이다.

하지만 이 부분에 대해서는 법적인 검토가 필요하다. 바로 **최소가입금액 기준 미달로 인한 적격투자자 요건 상실** 때문이다. 현재 바뀐 최소가입금액 3억 원을 기준으로 예를 들면 설정금액 90억 원짜리 펀드에 3억 원을 투자하는 고객 30명이 동일한 좌수로 들어와있다고 가정해보자. 이 상황에서 펀드가 원금으로 9억 원을 상환받으면 투자자들은 각각 3천만 원씩(=9억 원/30명) 받게 되면서 각 투자자의 투자금은 2억 7천만 원이 되고 **최소가입금액인 3억 원을 미달하게 된다.** 이를 놓고 처음에 펀드를 설정할 때만 이 기준을 맞추면 되는 게 아니냐는 내용을 놓고 유권해석이 있는데, 안 된다는 답변과 된다는 답변이 있어서 확실히 말할 수 없으니 내부적으로 충분히 검토 후 결정해야 할 것이다. 이렇게 법적으로 가능한지 궁금한 부분이 생기면 **금융규제민원포털 법령해석 회신사례에 법령해석 회신문**에서 한번 검색해보는 것도 하나의 방법이다.

트리거수수료를 받기 위해 1억 원만 남기고 수익자들에게 원리금을 분배해주는 방법 말고 한 가지가 더 있는데, 바로 원리금을 받고 펀드를 청산해버리는 거다. 트리거수수료를 받기 전에 펀드를 청산해도 나중에 펀드가 받았어야 할 돈이 펀드신탁사 계좌로 입금되면 펀드의 신탁사에서 돈을 판매사에 주고 판매사는 투자자들의 좌수를 확인한 후 지급해주는 방법도 있는데, 이렇게 처리해도 되는지 여부는 판매사 및 펀드신탁사와 사전적으로 협의해야 한다. 아래는 트리거수수료의 지급순위 내용이 포함되어 있는 운영계좌의 자금집행순위인데 참고로 알고 있으면 좋을 것 같아서 실제 관리형토지신탁계약서에서 가져왔다.

관리형토지신탁계약서 중 운영계좌의 자금집행순서
1. 대출약정서에 따른 대출기관에 대한 대출이자(연체이자 포함, 대출기관의 우선
   수익권 순위에 따라 지급) 및 각종 수수료 등을 포함한 금융비용
2. 공사대금을 포함한 준공필수사업비를 한도로 집행가능하며, 대리금융기관 및
   수탁자의 사전 서면 동의 하에 각 비용을 전용할 수 있음(단, 공사대금은 최초
   기준공사비의 87.5% 한도(부가세 별도))
3. 상환기일이 도래한 대출기관1의 대출원금
4. 상환기일이 도래한 대출기관2의 대출원금
5. 상환기일이 도래한 대출기관3의 대출원금
6. 유보 공사대금(최초 기준공사비의 12.5% 한도)
7. 트리거수수료
8. 공사비에 대한 연체이자, 최초 도급공사비 대비 증액된 공사비

※ 8에 증액된 공사비는 증액공사비라고 하며, 프로젝트 검토 시 변경도급계약서
  가 있는지 꼭 확인해봐야 한다. 증액공사비는 사업비에 영향을 주며 특히 대출
  형 펀드 중 시행이익유동화 딜에 큰 영향을 주게 되는데 이는 뒤에 2장 유동화
  대출 프로젝트에서 확인 가능하다.

　　추가적으로 부동산신탁업과 관련하여 추가적으로 알아야 할 부분
이 있는데, A부동산신탁사가 책임준공하는 사업장을 A 펀드신탁사에
펀드신탁 문의를 했는데 자본시장법 제34조(대주주와의 거래 등의 제
한)상 대주주와의 거래 제한에 걸려서 펀드신탁을 거절당한 적이 있었
다. B부동산신탁사가 책임준공하는 사업장을 B증권에 펀드판매를 의
뢰했는데 같은 이유로 거절을 당했다는 점에서 펀드를 만들 때 책임준
공하고 있는 회사의 계열 회사에는 펀드신탁이나 판매가 불가능하니
이 점 알고 있으면 좋을 것 같다.

분양수입금 배분: 말 그대로 분양수입금을 어떻게 배분할 것인가에 관한 내용이다. 분양수입금은 분양대금으로 계약금, 중도금, 잔금을 의미하며, 분양대금입금계좌로 들어오는 수입금 중 일부는 사업비로 쓰이고 일부는 대출금상환재원으로 쓰인다. 이 상환재원 적립은 대주가 Exit 분양률을 계산할 때 사용하는 내용으로 자세한 계산방법은 ③ 투자대상 분석 중 상환가능성 분석에서 자세히 설명해 두었다.

자금관리: 자금을 관리하기 위해 용도별로 만든 계좌들인데 차례대로 보겠다.

1) 대출금입금계좌: 차주 명의로 개설된 계좌다. 대주단이 기표를 하면 이 차주 명의로 된 대출금입금계좌로 대출금이 이체된다. 하지만 차주는 입금된 돈을 바로 쓸 수 있는 게 아니라 **인출요청서**를 대주에게 또는 대리금융기관이 있는 경우 대리금융기관에 제출하면, 대주 또는 대리금융기관은 문제가 없는지 확인 후 자금을 집행하게 된다.

이렇게 번거롭게 업무가 진행되는 이유는 대주단이 대출금입금계좌 근질권설정을 했기 때문인데, 이는 위에 채권보전조치에는 없지만 실무에서 기본적으로 잡는 안전장치 중 하나다. 여기서 근질권이라는 표현은 굉장히 자주 보게 될텐데, 간단하게 설명하면 부동산에 저당을 잡는것처럼 질권은 이러한 부동산 외의 것들을 다 잡을 수 있다고 생각하면 된다. 이렇게 근질권을 잡아버리면 근질권설정자와 관련된 모든 권리가 근질권자에게 넘어가게 된다. 근질권이 실제로 사용되는 예시로는 이미 대주가 가지고 있는 우선수익권에 근질권 설정, 특허권에 근질권 설정, 여기서처럼 계좌에 근질권설정 등 여러 곳에서 사용할 수 있다.

다시 이야기로 돌아와서 대출금입금계좌에 근질권을 설정하게 되면 위에서처럼 근질권설정자(차주)가 근질권자(대주)에게 인출동의서를 제출해야 대출금입금계좌에 입금된 돈을 받을 수 있다. 이렇게 차주가 바로 돈을 인출하지 못하게 막아둔 이유는 차주가 인출선행조건을 안 지켰다든지, 대출금을 한도대로 나눠서 출금하기로 했는데 차주의 변심으로 갑자기 한 번에 다 출금하여 다른 곳에 써버리는 등 사고가 발생할 수 있기 때문이다. 이런 사고를 방지하고자 차주가 마음대로 인출하지 못하도록 근질권으로 막아놓고 인출요청서에 적혀진 금액만큼만 그때그때 가져갈 수 있게 관리를 한다.

2) 분양대금입금계좌: 수분양자가 분양대금을 입금하는 계좌다. 다음의 분양대금 납부 계좌 및 납부 방법 자료는 입주자 모집공고에 들어가는 내용이다. 이 건은 관리형 토지신탁으로 진행되는 사업으로 부동산신탁사에서 자금을 관리하게 되어있다. 따라서 수분양자

들은 입주자모집공고에 적혀있는 부동산신탁사 명의의 계좌로 이체를 하는데 이 계좌를 분양대금입금계좌라고 한다.

■ 분양대금 납부 계좌 및 납부 방법

금융기관	계좌번호	예금주
은행		신탁

• 지정된 분양대금(계약금, 중도금, 잔금) 납부일에 해당 금융기관 계좌로 입금(계좌이체 및 무통장 입금)하시기 바라며, 당사에서는 납부일 및 납부금액에 대하여 별도의 통보를 하지 않습니다. • 지정된 계좌로 납부하지 아니한 분양대금은 인정되지 않으며, _____ 의 분양보증을 받을 수 없습니다. • 착오납부에 따른 문제 발생 시 당사는 책임지지 않으며 이에 대하여 이의를 제기할 수 없습니다. • 무통장 입금증은 계약체결 시 지참하시기 바랍니다.(무통장 입금증은 분양대금 납부 영수증으로 갈음되며 별도의 영수증은 발행되지 않으므로 필히 보관하시기 바람) • 무통장 입금 시에는 동호수 및 계약자 성명을 필히 기재하시기 바랍니다.(단, 무통장 입금자 중 부적격자로 판명된 자는 소명 기간 이후 환불이 가능하되, 환불이자는 발생하지 않음)[예 : 101동 801호 홍길동의 경우 '8홍길동'이라고 기재]

3) 운영계좌, 대출금상환적립계좌: 위의 분양대금입금계좌에 입금된 돈을 분양수입금 배분 방식에 따라 각 계좌에 이체한다. 운영계좌로 간 돈은 준공을 위한 사업비로 사용되고, 대출금상환적립계좌로 간 돈은 대주단 원금 상환재원으로 사용하게 된다.

지금 보다시피 펀드제안서에 많은 내용들이 다 들어있는데 이렇게 펀드제안서를 만들고나서 나중에 해야 하는 가장 중요한 일은 약정하는 서류에 펀드제안서 안의 내용들이 그대로 들어가 있는지 확인하는 작업이다. 펀드제안서보다 약정서에 추가적인 안전장치들이 더 적혀있으면 문제가 안되지만 반대로 약정서에 펀드제안서에서 말한 채권보전 방안 등의 내용이 일부 빠져있거나 다르게 들어가 있는건 말이 안 되니 약정서를 검토할 때 펀드제안서를 같이 열어두고 빠지거나 잘못된 게 없는지 꼭 확인해봐야 한다.

②-2. 사업개요

항 목	항 목	내 용	비 고
사업장 이미지	사업명	A시 도시형 생활주택 개발사업	
	시행사	㈜차주	
	시공사	㈜시공사	
	신탁사	㈜부동산신탁사	
	소재지	○○시 ○○구 ○○동	
	지역/지구	중심상업지역	
	건축면적	0,000.00㎡(000.00평)	
	대지면적	0,000.00㎡(000.00평)	
	연면적	00,000.00㎡(0,000.00평)	
	건폐율	00.00%(법정 00% 이하)	
	용적률	000.00%(법정 0,000% 이하)	
	건축규모	지하 3층 ∼ 지상 20층	
	호실수	도시형 생활주택500실, 근린생활시설 50실	

	일 정	내 용	비 고
사업일정	2016.00	토지매매계약 체결	
	2017.00	경관심의 완료	
	2018.00	건축심의 완료	완 료
	2019.00	건축허가 완료	
	2019.00	토지 소유권 이전	
	2020.00	구조심의 완료	

사업일정	2020.00	인테리어 설계 및 건축허가 변경 진행	에 정
	2020.00	사업약정 및 대출약정체결	
	2020.00	착공신고 및 분양신고	
	2023.00	준공	

이번에 대출해주는 프로젝트의 전체 사업개요 내용이다. 이 장에서
는 우리가 투자하는 사업이 무슨 프로젝트인지, 지으려는 건물은 어느
지역에 위치하고 어떤 유형의 건물인지, 그리고 사업일정은 어떤지에
관한 이야기를 한다. 참고로 약정을 할 때 대출만기일을 입주일까지
고려하여 준공일보다 여유 있게 잡기 때문에 사업일정에 준공일을 보
고 어느 정도 시점에서 조기상환이 이루어질 수 있을지 예상할 수 있
다. 예를 들어 펀드제안서에 2022년 10월이 대출만기인데 사업일정상
2022년 3월에 준공완료면 수분양자들이 잔금을 내고 입주하는 3~4
월쯤 사업이 정리되고 4~5월쯤 상환되겠구나 정도 유추할 수 있다.
이렇게 분양대금으로 상환받는 경우, ②-1. 대출개요 중 조기상환수
수료 부분에서 분양수입금 또는 준공 후 담보대출로 상환 시 면제라는
예외상황에 해당되어 조기상환수수료는 발생하지 않는다.

②-3. 사업수지표

(VAT 포함)

구 분		금 액	비 중	비 고
수입	도시형생활주택	000.00	00.0%	평당 00,000천 원
	근린생활시설	000.00	00.0%	평당 00,000천 원
	수입 소계	000.00	100.0%	
지출	토지비	000.00	00.0%	평당 00,000천 원
	직접공사비	000.00	00.0%	평당 0,000천 원
	간접공사비	000.00	00.0%	건축설계비, 감리비 등
	판매비	000.00	00.0%	M/H관련 임차료, 운영비, 수수료 등
	제세공과금	000.00	00.0%	
	기타사업비	000.00	00.0%	
	중도금무이자	000.00	00.0%	
	금융비용	000.00	00.0%	
	지출 소계	000.00	83.7%	
	시행이익	00.00	16.3%	

　이 장표는 사업CF가 요약된 내용으로 프로젝트가 전체적으로 얼마의 수입과 지출이 발생해서 어느 정도의 시행이익이 발생하는가에 대해 이야기한다. 수입에서 지출을 뺀 나머지가 이 사업이 끝나고 시행사가 가져가는 시행이익이다. PF 대출금의 경우 투입되었다가 그대로 나가는 돈으로 대출금 이자 및 수수료 부분에 금융비용만 발생시키고, 사업수지표에는 표시되지 않는다. 뒤에 유동화 대출(ABL) 프로젝트에서 보여주겠지만 시행사가 이렇게 사업에서 발생할 것으로 예상되

는 시행이익을 담보로 대출을 받는 프로젝트가 있는데 이를 시행이익 유동화 대출이라고 한다. 이에 대한 자세한 내용은 2장 유동화 대출 (ABL)에서 공부해보겠다.

이 장표에서 추가적으로 신경 써줄 만한 건 사소한 부분인데 부가세 부분을 한번 체크하면 좋다. 가끔 자료를 보다 보면 수입에는 부가세를 잡고 지출에는 안 잡는 경우가 종종 있는데, 사업Cash Flow를 보고 vat 포함인지 미포함인지 정확하게 확인하고 똑같은 기준으로 만들어야 한다.

① 펀드개요 → ② 대출개요 → ③ **투자대상 분석** → ④ 위험고지

③-1. 상환가능성 분석

투자자가 어디에 투자하던 투자원금을 돌려받지 못한다면 의미가 없다. 이 투자대상 분석 중 상환가능성 분석 부분은 투자금이 얼마일 때 어느 시점에 투자자가 Exit을 할 수 있는 투자원금이 마련되는지 계산하는 장이다. 이 프로젝트의 경우 PF건이므로 분양률로 상환가능성 분석을 계산하면 된다. 이런 계산은 기본적으로 주간사 자료에 있지만, 자산운용사에서도 당연히 숫자가 맞는지 계산을 해봐야 한다. 귀찮다고 받은 자료의 내용은 그대로 넣었다가 나중에 문제 발생하면 모든 책임은 운용사와 매니저의 몫이기 때문에 무조건 이 Exit 분양률 계산뿐만 아니라 모든 자료의 숫자를 다 확인해야 한다.

Exit 분양률을 계산하기 위해 먼저 확인해 봐야 할 부분은 분양수

입금 중 몇 %가 상환재원으로 쓰이는가이다. 이를 계산하기 위해 우선 ②-1. 대출개요 중 분양수입금 배분 부분을 다시 가져와보겠다.

구 분	대출금 상환	사업비
준공 전	75%	25%
준공 후	100%	0%

PF프로젝트는 분양수입금으로 분양대금입금계좌에 들어온 돈이 100억 원이라고 한다면 100억 원이 전부 대주단 상환재원으로 쓰이는 게 아니라 위에 분양수입금 배분처럼 대부분이 상환재원으로 대출금 상환적립계좌에 이체되고, 일부분은 사업비로 운영계좌에 이체한다. 그리고 이 배분은 준공 전, 후로 비율이 다른데 위 표의 내용을 해석하면 아래와 같다.

구 분	대출금 상환(대출금상환적립계좌)	사업비(운영계좌)
계약금, 중도금	75%	25%
잔 금	100%	0%

분양수입금이란 분양대금으로 계약금, 중도금, 잔금으로 이루어져 있다. 이 분양대금 비율은 주거시설의 경우 계약금 10%(1~2차), 중도금 60%(각 10%, 1~6차), 잔금 30%가 가장 일반적이다. Exit민감도를 계산하기 위해서는 이렇게 분양수입금 배분방식이 어떻게 되어있는지를 먼저 파악해야 한다. 이런 구분은 임의로 나눠져 있는 게 아닌 건

축물의 분양에 관한 법률(이하 '건축물분양법') 시행령에 나와 있는 부분이다. 아래 내용을 가져왔으니 한 번쯤 읽어두면 도움이 될 것이다.

건축물분양법 시행령 제11조(분양대금)

① 분양사업자가 건축물분양법 제8조 제2항에 따라 분양받은 자로부터 받는 계약금은 분양대금의 20퍼센트 이내로 하고, 중도금은 분양대금의 70퍼센트 이내로 한다. 다만, 건축물분양법 제4조 제1항 제2호에 해당하는 경우에는 분양사업자가 계약금·중도금 및 잔금의 비율을 따로 정할 수 있다.

② 제1항 본문에 따른 분양대금은 다음 각호의 구분에 따라 그 해당 시기에 받을 수 있다.

1. 계약금: 계약 체결 시

2. 중도금: 공사감리자의 공정확인서에 의한 건축공사비(대지 매입비는 제외한다.)의 50퍼센트 이상의 투입이 확인된 때를 기준으로 그 전후 각 2회 이상으로 구분하여 받을 수 있으며, 최초로 납부하는 중도금은 계약일부터 1개월이 지난 날부터 받을 수 있다.

3. 잔금: 사용승인일 이후. 다만, 「건축법」 제22조 제3항 단서에 따라 임시 사용승인을 받아 입주하는 경우에는 잔금 중 50퍼센트는 입주일에, 나머지 50퍼센트는 사용승인일 이후에 받을 수 있다.

상환가능성 분석을 하기위해서는 여기에 분양대금 비율이 어떻게 되는지를 알아야 하는데 이게 주간사 자료에 없는 경우 입주자 모집공고를 찾아서 보면 된다. 이때 주상복합이라면 주거시설과 상가(근린생활시설)의 비중이 다를 수 있으니 주거시설 또는 근린생활시설 각각에 해당하는 입주자 모집공고를 다 확인해봐야 한다.

구 분	계약금	중도금	잔 금
대출금 상환재원 비중		75%	100%

도시형 생활주택	10%	60%	30%
근린생활시설	10%	40%	50%

지금까지 내용을 정리하면 위의 표와 같이 되는데, 계약금/중도금의 75%만 상환재원이 되고, 잔금은 100% 상환재원으로 쓰인다는 것을 이해하면 된다.

엑셀자료를 만들 때 한 가지 팁을 주자면 일을 하다 보면 내부/외부 자료를 만들면서 상환가능성 분석뿐만 아니라 다양한 자료를 만들게 될 텐데, 가능하면 모든 자료는 함수로 만드는 게 좋다. 필자가 하고 싶은 말은 어느 부분은 텍스트로 넣고 어느 부분은 함수로 나눠 쓰면 안 된다는 것이다. 생각보다 프로젝트를 진행하다 보면 기표하기 전까지 수입과 비용이 바뀌면서 사업수지가 바뀌는 경우도 많은데 사업수지가 바뀌면 Exit분양률이 달라지게 된다. 이 때 처음에 함수로 자료를 제대로 만들어 놓지 않으면, 그때마다 똑같은 작업을 반복해야 하여 비효율적이니 귀찮더라도 처음에 엑셀을 잘 만들어두면 좋다.

다음은 현재 우리가 검토 중인 A시 도시형 생활주택 프로젝트의 투자구조(Tr.A~Tr.C대주단)로 상환가능성을 분석한 표인데 숫자는 쉬운 이해를 위해 필자가 임의로 넣은거라 이 프로젝트와는 관련이 없으니, 전체적으로 어떻게 만들어야 하는지, 그리고 어떤 내용들이 들어가야 하는지 참고하면 좋을 것 같다.

분양률	준공 전 분양수입금	준공 후 분양수입금	대출금 상환가능액	상환적립 차감 후 대출잔액			비 고
				Tr.A	Tr.B	Tr.C	
0.0%	–	–	–	1,000	2,200	700	–
10.0%	400	300	650	350	2,200	700	–
15.4%	615	462	1,000	–	2,200	700	Tr.A Exit
20.0%	800	600	1,300	–	1,900	700	–
30.0%	1,200	900	1,950	–	1,250	700	–
40.0%	1,600	1,200	2,600	–	600	700	–
49.2%	1,969	1,477	3,200	–	–	700	Tr.B Exit
50.0%	2,000	1,500	3,250	–	–	650	–
60.0%	2,400	1,800	3,900	–	–		Tr.C Exit
70.0%	2,800	2,100	4,550	–	–	–	–
100.0%	4,000	3,000	6,500	–	–	–	–

　분양률 100%를 기준으로, 준공 전 분양수입(계약금, 중도금)과 준공 후 분양수입(잔금)의 합계는 ②-3. 사업수지표 상의 수입 합계와 같을 것이다. 그런데 만약 분양대금의 변화로 분양수입금이 달라지면 위 상환가능성 분석상의 모든 숫자도 달라지게 될 텐데 엑셀자료를 함수로 만들어 놓으면 바로바로 반영할 수 있어서 효율적이다. 단, 트렌치별 Exit분양률(Tr. A, B, C Exit)은 특정값을 찾아야 하기 때문에 이때만 수작업이 필요한데 엑셀 기능 중 목표값 찾기 기능을 활용하면 편하게 구할 수 있다.

　분양률: 분양률이 얼마나 올라갔을 때 각 트렌치별 대주가 Exit이 가능한지 확인할 수 있다.

　준공전 분양수입금: 준공 전 분양수입금은 계약금과 중도금을 의미한다.

준공후 분양수입금: 준공 후 분양수입금은 수분양자가 입주할 때 내는 잔금을 의미한다.

대출금 상환가능액: 분양수입금 배분과 관련된 부분이다. 모든 분양대금은 대주단 상환재원으로 사용되는 게 아니라 일부는 대주단 상환재원 용도로 대출금상환적립계좌 적립이 되고, 나머지는 사업진행용도로 운영계좌에 들어가게 된다. 여기서 대출금 상환가능액은 대주단 상환재원으로 입금되는 금액을 구해야 하고 계산방법은 '준공 전 분양수입금*대출금상환재원비중(계약금, 중도금) + 준공 후 분양수입금*대출금상환재원비중(잔금)'을 하면 된다. 이런 계산과 관련해서 위의 민감도 분석은 쉬운 편이고, 사업에 따라 특정 분양률 이상부터는 대출금상환재원비중이 바뀌는 등 경우도 있으니 상황에 맞게 계산하면 된다.

상환적립 차감 후 대출잔액: 대출금상환적립계좌에 '대출금 상환가능액'에 해당하는 상환금이 들어왔을 때 각 트렌치별로 언제 상환재원이 마련되는지 보는 부분이다. 이 금액을 계산할 때는 대주단 전체 금액으로 한도대출까지 포함하여 계산해야 한다.

저 표 안에 내용과 흐름만 이해해도 실무에서 프로젝트를 검토하는 데 도움이 되고, 개인적으로 부동산 상품에 투자할 때도 상품 안정성을 검토하는 데 도움이 될 것이다. 그리고 종종 주상복합의 경우 근생시설포함/근생시설미포함으로 구분하여 자료를 만드는 곳들이 있는데, 근린생활시설은 분양이 잘 안 되기 때문에 제외하고 생각하는 게 좀 더 프로젝트를 보수적으로 접근하는 방법이다. 실제로 대부분 근린 생활시설은 위에 오피스텔이 먼저 분양이 다 되고 들어오는 경우가 많은데, 시행사 쪽도 이를 알아서인지 전략적으로 근린생활시설은 나중에 분양을 시작한다고 말하는 경우가 있다.

③-2. 유사물건 분석

다음으로 인근 유사물건 분석이다. 이 사업장에 현재 책정된 분양가가 합리적인지, 상품성이 있는지 인근 유사사례와 비교해 보는 부분이다. 이 부분은 당연히 주상복합이라면 오피스텔과, 근린생활시설 장표를 따로 나눠서 비교해야 하고, 가능하면 비교물건은 인근에 위치해 있는 사업장으로 찾는 게 좋다. 이 부분에서 지도를 가져와서 사업지의 입지 여건이 어떤지, 인근에 교육환경은 어떤지, 교통환경은 어떤지 등을 표시한 장표를 넣기도 한다.

(단위: 만 원)

구 분	본 건	사업지1	사업지2
조감도	이미지	이미지	이미지
위 치	○○동 000-00	○○동 000-00	○○동 000-00
규 모	지하2층~20층	지하2층~20층	지하4층~20층
호실 수	400실	200실	100실
입주시기	2022. 00.	2021. 00.	2017. 00.
분양면적	13.7~16.3평형	15.0~25.8평형	33.0~47.4평형
분양가	12,000~15,000	12,000~25,000	18,000~26,000

계약평당가	@850~900	@800~900	@450~500
전용평당가	@1,700~1,800	@1,500~1,700	@1,000~1,100
분양률	–	100%	100%
비 고	–	–	–

유사물건 사례의 경우 자료만 잘 찾아서 넣으면 되서 어렵지 않다. 대부분 주간사 자료에 있고 업데이트가 필요한 경우 최근에는 관련 사이트들이 많으니 찾아서 넣으면 된다.

① 펀드개요 → ② 대출개요 → ③ 투자대상 분석 → ④ **위험고지**

마지막으로 ④ 위험고지 부분이다. 별거 아닌 것 같아 보이지만 펀드 제안서 작업을 하면서 앞에 ①~③만큼 신경도 많이 써야 하는 중요한 부분이다. 내용이 항상 비슷하여 대부분 전에 만들었던 제안서 내용을 참고해 복사해서 넣지만 상품마다 차이가 있기 때문에 꼭 정독은 한 번씩 해야 한다. 만약 고민 없이 넘어갔다가 나중에 펀드에 문제가 생기고 위험고지 내용에 현재 발생한 위험과 관련된 위험에 대해 충분한 안내가 되어 있지 않다면 나중에 자산운용사와 담당매니저 그리고 판매사까지 불완전 판매로 문제가 생길 수 있다.

펀드의 위험에는 크게 공통위험과 고유위험 2가지가 있다. 펀드제안서에는 꼭 나눌 필요는 없는데 지금은 이렇게 설명하는 게 이해하기가 더 쉬울 것 같아 구분해서 만들었다. 공통위험은 투자원금의 손실, 설정취소 위험 등 펀드라는 상품 자체가 가지고 있는 위험을 말한다. 다음으로 고유위험은 이번에 투자하는 프로젝트가 가지는 고유한 위험을 말한다. 공통위험과 고유위험을 구분하는 것은 어렵지 않을 텐데 명확한 이해를 위해서 필자가 생각하는 공통 및 고유 위험 관련 내용을 구분하여 작성해봤다.

④-1. 공통위험

　필자가 주로 공부했던 사모펀드에서 금융상품이 가지는 위험들에 대해 정리해보았다. 필자는 매번 정독하고 업데이트를 하는 내용이니 한번쯤 읽어보는 걸 추천한다.

위험 구분	위험의 주요내용
투자원본 손실 위험	본 투자신탁은 실적배당상품으로 관계법령에 따라 투자 원리금의 반환이 보장 또는 보호되지 않음. 따라서, 투자원본의 전부 또는 일부에 대한 손실의 위험이 존재하고, 투자금액의 손실 내지 감소의 위험은 전적으로 투자자가 부담하며, 집합투자업자나 판매회사 등 어떤 당사자도 투자손실에 대하여 책임을 지지 아니함. 또한, 이 투자신탁은 예금자보호법의 보호를 받는 은행 예금과 달리 예금자보호법에 의한 보호를 받지 못함.
환매금지형 상품위험	본 투자신탁은 신탁계약기간 동안 환매가 불가능한 투자신탁으로, 만기까지 집합투자증권을 보유해야 함. 또한 이 투자신탁은 사모집합투자기구로써 환매금지형 집합투자기구의 증권시장 상장 의무 적용이 배제되어 신탁계약기간 동안 환금성이 떨어지는 위험이 존재함.

투명성 위험	이 투자신탁은 일반 사모집합투자기구로 공모 집합투자기구에 비하여 낮은 수준의 투명성을 가지고 있음. 그러므로 투자자는 가격변동의 사유 또는 이상변동 등에 대하여 사전 또는 사후적으로 충분한 설명을 듣지 못할 수 있고, 경우에 따라서는 인지하지 못한 손실위험에 노출될 수 있음.
유동성 / 만기연장 위험	본 투자신탁은 폐쇄형으로 환매청구를 할 수 없고, 투자대상 자산의 유동성 부족에 따른 환금성에 제약이 발생할 수 있으며, 이는 신탁재산의 가치하락을 초래할 수 있고, 투자신탁의 만기가 연장될 수 있음.
포트폴리오 집중위험	본 투자신탁은 특정 자산에 집중적으로 투자할 예정임. 이처럼 한정된 투자대상 또는 종목에 집중하여 투자함으로써 분산투자된 다른 투자신탁에 비해 더 큰 투자원금 손실이 발생할 수 있음.
비용 발생 위험	본 투자설명서에 기재된 투자신탁의 비용은 현재 시점에서 발생할 것으로 예상되는 비용을 기재하였음. 따라서, 향후 추가적인 비용이 발생할 경우, 수익률 미달 또는 투자원금 손실이 발생할 수 있음.
분배에 관한 위험	투자자에 대한 분배금은 예금이자와 같이 확정된 금액이 아니며, 다양한 경제변수 등의 변화로 인하여 분배금을 안정적으로 지급하지 못할 수 있음.
설정취소 위험	모집금액이 목표하는 금액에 현저히 미달하는 경우, 설정이 취소될 수 있고, 모집 투자원본은 반환될 수 있음.
신용위험	본 투자신탁은 거래상대방의 계약불이행, 파산, 부도, 신용등급의 하락, 그 밖에 이에 준하는 사유로 신용사건에 노출되는 경우 신탁재산의 가치가 하락할 수 있으며, 이로 인해 수익률 미달 또는 투자원금의 손실이 발생할 수 있음.
경제 / 정책 위험	경제상황의 변화, 정부의 정책 및 규제 등의 변경이 있는 경우 투자대상자산의 가치에 부정적인 영향을 미칠 수 있으며, 이로 인하여 투자원본의 일부 또는 전부에 해당하는 손실이 발생할 수 있음. 또한, 정치·경제적 이벤트가 발생하여 불확실성이 증대될 경우, 자산가치 하락으로 이어질 수 있고, 수익률 미달 또는 투자원금 손실이 발생할 수 있음.

제공자료 완전성 미보장 위험	본 자료는 당사의 조사 및 거래상대방으로부터 수집한 신뢰할 만한 자료나 정보를 기초로 작성된 것이나, 당사가 본 자료의 정확성이나 완전성을 보장할 수 없으며, 예상치 못한 사실이나 위험이 추가로 발생할 수 있고, 이로 인해 수익률 미달 또는 투자원금의 손실이 발생할 수 있음.
법률위험	일반 사모집합투자기구는 일반적인 집합투자기구에 비하여 상대적으로 낮은 수준의 감독을 받고, 투자자보호규정 역시도 일반적인 집합투자기구에 비하여 약한 수준이 적용됨. 그러므로, 투자자별로 법률상 구조행위 및 소송 등에 의존하여 투자자의 재산을 보호하려는 경향이 높을 수 있음. 그러므로, 다양한 법률 행위가 발생할 수 있고 이에 따라 운용역의 운용행위가 제한될 수 있음.
기타위험	위험고지는 작성 시점에 파악된 위험요소를 최대한 반영하여 분석·작성하였으나, 분석 시점에서 인지하지 못한 위험 요인이 잠재되어 있을 가능성이 있음. 또한 투자신탁 운용기간 중 예상치 못한 국내외 정치, 경제상황, 제도 및 법령의 변경, 자연재해 등 불가항력이 운용에 영향을 미칠 수 있으며, 환매 일정에도 영향을 줄 수 있음.

④-2. 고유위험

공통위험과 다르게 고유위험은 프로젝트의 특징 및 내용 그리고 구조에 따라 내재된 위험에 대한 고지를 한다. 따라서 모든 고유위험 내용을 한 표로 정리할 수 없기 때문에 프로젝트의 특징에 따라 내재된 위험을 고민해보고 다른 자료들을 참고해서 작성하면 된다. 다음은 이번 프로젝트와 관련 있는 도시형 생활주택 PF에 투자하는 펀드의 내용으로 작성해보았는데 한번 읽어보면 좋을 것 같다.

위험 구분	위험의 주요내용
시행사 관련 위험	본건 사업은 부동산신탁사의 책임준공 및 관리형토지신탁 구조로 진행되는 사업으로 시행사의 파산, 부도 등의 시행사 관련 위험을 통제할 예정이나, 시행사의 신용위험 발생 시 사업 진행에 차질이 발생할 수 있음.
담보 확보 관련 위험	본 투자신탁은 본건 사업 관리형토지신탁의 3순위 우선수익권을 설정받는 방식으로 담보를 확보할 예정임. 이 경우 1,2순위 우선수익권을 확보하는 것보다 담보권 행사가 제한적일 수 있음.
입주 지연 및 미입주 위험	본건 사업은 공사지연 또는 예상치 못한 사유로 입주가 지연되거나, 최악의 경우 대규모 미입주 또는 분양계약 해지가 발생할 수 있으며, 이 경우 본 투자신탁의 상환 지연, 목표수익률 미달 혹은 원금손실이 발생할 수 있음.
상환 위험	본건 대출은 3순위 PF대출로 1,2순위 PF대출보다 더 큰 위험에 노출되며, 분양대금 등으로 상환받을 예정으로, 상환예정일까지 분양이 부진하거나 미분양분 담보대출 등이 이루어지지 못할 경우 본 투자신탁의 상환 지연, 목표수익률 미달 혹은 원금손실이 발생할 수 있음.
인허가 위험	본건 사업과 관련하여 사용승인 등의 인허가 위험이 존재함.
준공 위험	본건 사업은 시공사인 ㈜시공사 및 부동산신탁사인 ㈜부동산신탁사가 책임준공확약하는 사업이나, 시공사 및 부동산신탁사의 부도 등 예상치 못한 사유로 인해 준공이 지연되거나 준공이 되지 않을 위험이 존재함.
채무불이행 위험	본 투자신탁은 도시형 생활주택 개발사업의 PF 대출에 투자하므로, 부동산 경기 악화, 경제상황의 변동 등 예상치 못한 사유로 인해 채무불이행이 발생할 수 있으며, 이 경우 본 투자신탁의 상환 지연, 목표수익률 미달 혹은 원금손실이 발생할 수 있음.

항상 많은 위험을 펀드제안서에 적지만 매니저가 놓치는 부분이 있을 수 있고, 예상치 못한 문제가 발생할 수 있는데 이런 건 어떻게 할

수가 없다. 펀드를 운용하면서 수시로 프로젝트 진행 상황을 모니터링을 하는 등 자산운용사의 역할에 맡게 최선을 다해 고객자산을 보호하는 게 중요하다.

여기까지가 펀드제안서 주요 구성에 대한 이야기다. 다음으로 관련 계약서 검토해야 하는데 넘어가기 전에, 설명하지 않고 넘어갔던 ①-1. 펀드개요 중 목표수익률을 계산해보겠다. 필자가 마지막에 계산을 설명하는 이유는 앞에서 말한 것처럼 투자자CF초안은 처음에 ① Term-Sheet의 숫자로 대략적인 이자와 비용을 계산하여 만들 수 있지만 딜이 진행되면서 중간중간 금리나 수수료가 바뀌고, ② 신탁사와 판매사에 펀드를 제안하면서 4대보수가 바뀌고, ③ 펀드설정일에 모집금액까지 언제든지 바뀔 수 있기 때문에 최종적인 투자자CF는 마지막에 나오게 된다.

각 부분에서 일어나는 일을 자세히 이야기하면 ①에서 처음 프로젝트가 들어오고 금융조건을 보면 눈으로 대략 투자자의 수익률이 어느 정도인지 계산할 수 있기 때문에, 이 펀드가 현실적으로 진행이 가능한지 아닌지를 알 수 있다. 현실적이란 의미는 펀드의 투자자에게 적당한 수준의 수익률을 주면서 펀드와 관련한 주요기관인 자산운용사, 판매사, 신탁사, 사무관리회사가 요구하는 최소 보수를 지급해 줄 수 있는지를 의미하며, 4대보수를 계산할 때는 각 기관에서 일반적으로 받아가는 수준을 가정하여 계산한다. ② 협의 과정에서 보수가 계속 조정되기도 하는데 예상 범위에서 큰 차이는 없다. 운용사에서 프로젝트를 진행하기로 정하고 이제 펀드신탁사와 판매사를 구해야 하는

데 만약 여기에서 요구하는 보수가 처음 예상보다 많으면 고객수익률을 해치지 않는 선에서 협의하거나, 만약 더 줘야 하는 경우 운용사나 다른 보수에서 일부를 주거나 하는 방식으로 조율하게 된다. 일반사무관리보수의 경우 애초에 높지가 않고 바뀔 일이 거의 없어서 수익률에 영향을 미치는 일이 거의 없다. ③ 이렇게 펀드를 설정하기 위한 펀드신탁사와 판매사를 구하고 남은 마지막 문제는 투자금이다. 투자금이 나눠서 모집 및 기표되면 설정금액에 따라 발생하는 4대보수와 기표금액에 따라 바뀌는 대출이자금액이 달라지게 된다. 아니면 어떠한 이유로 펀드설정일날 모집금액이 달라지고 설정금액이 달라지면서 또 숫자가 바뀔 수 있다. 그렇기 때문에 투자자CF는 마지막이 되야 정확하게 나오며, 이때 나온 투자자CF로 배당재원에 문제가 없는지 없는지 확인이 가능하고 정해진 날 이자를 수취하고 배당일에 지급될 배당금을 확정할 수 있다.

추가적으로 ① 부분에 관해서 이야기하면 프로젝트가 들어왔을 때 실무자가 머릿속으로 생각하는 계산 과정을 한번 적어보겠다. 한 번 공부했던 내용이니 바로바로 계산하면서 이야기를 진행해보겠다. 예를 들어 주간사가 PF딜을 들고와서 자료를 보여주는데 대출기간 24개월, 대출이자 7%, 대출취급수수료 2% 라고 적혀있다면, '이자 연7%에 수수료는 2년에 2%니까 7%+2%*12/24를 하면 1년간 All-In은 8%구나. 그러면 여기서 펀드 4대보수를 1% 정도 잡으면 투자자에게 7%의 수익률을 줄 수 있겠네.'라고 생각하고 만약 부족하다면 수수료나 금리를 더 받을 수 있는지 주간사를 통해 확인해보게 된다.

물론 이 밖에 선취판매수수료, 자문수수료 등 프로젝트마다 추가적으로 들어오거나 나가는 비용이 있을 수 있는데, 위와 같은 방식으로 그때그때 더하고 빼고 하면서 유동적으로 계산하면 된다. 이런 계산은 그 자리에서 바로바로 되야 유리하게 협상할 수 있으니 간단한 계산을 버벅거려서 협상에서 끌려다니지 말고 주도적으로 이끌어 갈 수 있게 반복적으로 트레이닝해야 한다. 여기까지가 프로젝트 미팅에서 수익률을 협의하는 방법과 과정이고, 이제 이걸 펀드제안서에 담기 위해 정확한 목표수익률을 계산해보도록 하겠다.

목표 수익률을 계산하는 데 신경 써야 할 부분은 **설정금액**이다. 판매금액이 100억 원인데 선취판매수수료를 제외하고 펀드 **설정금액**이 90억 원이 되면 차주가 요청한 금액 100억 원을 못 맞추게 된다. '**판매금액**을 늘리면 되지 않나?'라는 생각을 할 수 있을 텐데, **판매금액** 자체를 늘리면 고객기준 투자원금이 커져서 고객수익률 및 IRR이 떨어지게 되고 예상했던 목표수익률을 못 맞춰주게 된다.

어쩔 수 없는 경우 **판매금액**을 늘리지만 이런 문제를 해결하기 위해 사용하는 다른 방법 중 하나로 차주에게 대출취급수수료를 더 받는 방법이 있다. 위 예시에서 부족한 10억 원을 차주에게 대출취급수수료로 더 받아서 메이크업하고 차주가 요청한 투자금액을 맞춰서 기표를 해주게 된다. 결론만 놓고 보면 '결국 차주가 요청한 100억 원을 투자한다는 말인데 왜 이렇게 구분해서 복잡하게 설명하지?'라고 생각할 수 있다. 그래도 이렇게 과정을 보여준 이유는 주목해야 할 점이 있어서인데 바로 판매금액을 늘리느냐 취급수수료를 받느냐에 따라 펀드의 **설정금액**이 달라지기 때문이다.

구 분	설 명	비 고
모집(판매)금액	실제 투자자로부터 모집하는 금액	–
(펀드)설정금액	선취 판매수수료를 제외하고 실제 펀드로 설정되는 금액	보수계산 시 사용
투자금액	차주에게 기표되는 돈 / 대출약정서상 금액	대출이자계산 시 사용

다시 한번 이 표를 가져와 봤는데 이 부분에 대해 마지막으로 설명하겠다. 대출이자는 대출약정서에 적히게 되는 투자금액을 기준으로 받고, 운용/판매/신탁/일반사무에 해당하는 4대보수 등 기타 펀드비용은 설정금액을 기준으로 받기 때문에 대출과 관련하여 자금판을 짤 때 이를 구분하여 계산해야 한다. 위의 사례에서는 선취판매수수료로 인해 판매금액은 100억 원, 설정금액은 90억 원, 투자금액은 100억 원이 된 상태다. 여기에 예를 들어 차주에게 대출취급수수료를 10% 받으면 이는 투자금액을 기준으로 받으니까 10억 원을 받게되고 설정금액 90억 원을 기표하면 딱 100억 원을 맞출 수 있게 된다. 이 때 이 10억 원은 부족한 부분을 메이크업하는 것으로 설정금액이 100억 원이 되는 것은 아니니 조심해야 한다.

참고로 만약 11억 원을 받으면 펀드에 1억 원이 놀게 되는데, 이렇게 펀드에 돈이 노는 경우 운용사에서는 그냥 두는 경우도 있지만 REPO라는 환매 조건부 채권에 매일 1억 원 단위로 1일물 투자를 하여 수익률을 조금이라도 높이는 경우도 있다. 그런데 이게 돈을 놀게 두느니 투자를 하려는 건데 다음 날 갑자기 자금이 필요한 일이 생기면 문제가 생길 수 있고 1일물이다 보니 수익률도 굉장히 낮아서 불필요하다고 판단해 아예 하지 않는 운용사도 많다.

다음으로 고객수익률을 계산하면서 함께 신경 써줘야 하는 것이 있는데 바로 배당이다. 펀드에서는 고객에게 약속한 기간마다 목표수익률에 맞게 배당금(이익분배금)을 지급하게 된다. 이익분배금으로 나가는 분배금은 '대출취급수수료 및 이자 수익에서 선취판매수수료 및 4대보수 등을 포함한 펀드비용을 제외한 금액'이고 좀 더 정확히 계산하려면 여기에 예탁결제수수료 등 기타 제비용까지 빼줘야 한다. 배당시 전액분배의 경우, 이렇게 계산된 금액을 모두 투자자에게 주면 된다. 참고로 이러한 고객 목표수익률, 이익분배금(배당)을 계산할 때는 판매금액을 기준으로 하므로 설정금액 또는 투자금액으로 계산하지 않게 주의해야 한다.

이러한 고객수익률과 관련된 부분은 반드시 정확하게 계산해놔야 한다. PF펀드의 경우 대출형이기 때문에 들어오는 이자와 나가게 될 비용들이 설정 당시에 계산하여 전체 스케줄을 미리 짤 수 있다. 그리고 이 자스케줄만 따로 계산해둔 엑셀 파일을 이자계산테이블이라고 하는데, 주간사 또는 대리금융기관이 계산해서 이 이자계산테이블을 보내주긴 하지만 사람이 하는 일이라 틀릴 수 있으니 운용사에서도 미리 계산하여 크로스체크를 하는 게 가장 안전하다. 그리고 무엇보다 매달 얼마가 들어오고 얼마가 나가서 펀드에 남은 돈이 얼마인지를 미리 계산해두고 항상 체크를 하는 게 가장 중요하다. 이런 대출형 펀드를 PDF(Private Debt Fund)라고 하는데 이런 유형은 위에서 말한 것처럼 사전에 어느 정도 스케줄을 예상할 수 있어서 운용이 편하다는 장점이 있다.

여기까지가 프로젝트를 제안받고, 펀드제안서 작업을 마쳤으니 이제 판매사에 가서 이렇게 만든 펀드제안서로 제안을 하여 투자자를 모집하면 된다. 투자자가 모이면 운용사에서는 다음으로 실제로 펀드설정 및 기표를 위한 과정을 준비해야 한다. 우선 기표를 하기 전에 약정식이라는 것을 한다. 약정식은 그 프로젝트의 이해관계자인 대주단, 차주, 부동산신탁사, 주간사 그리고 경우에 따라 법무사님 등이 일반적으로 법무법인 사무실에 모여서 프로젝트 계약서에 도장 찍는 날을 이야기한다. 필요서류를 변호사님께 드리면 변호사님들이 도장을 찍어주시고 나머지 이해관계인들은 앉아서 이런저런 대화를 나누고 부족한 서류가 있으면 바로바로 보완하면서 약정식이 끝나길 기다린다. 약정식에서는 대출 관련 내용들이 적혀있는 대출약정서 및 각종 담보 관련 계약서 등에 이해관계인들의 도장을 날인하고 법무법인 천공을 한다. 천공이란 원본의 첫 장부터 마지막 장까지 한 번에 구멍을 뚫어 그 시점에 그 한 부가 존재했다는 것을 증명해주는 방법으로, 도장간인이라고 하는 모든 페이지에 도장을 찍는 번거로운 방식을 대체하는 방법이다. 천공은 일반적으로 법무법인 이름으로 뚫는다. 이렇게 모든 계약서에 날인 후 한 달 뒤쯤 두꺼운 책을 받게 되는데 이를 바이블이라고 한다. 바이블은 법무법인에서 모든 계약서 스캔본과 프로젝트 이해관계인들 관련 제반서류를 묶어 만든 책이다. 신규 대주가 우리 밖에 없는 간단한 상품들, 예를 들어 사모사채 투자를 하는 프로젝트의 경우에는 사모사채 계약서만 날인하면 되서 회사에서 도장을 찍어 우편으로 법무법인에 제출하여 약정식을 대체하기도 한다. 그러면 다음으로 약정식에서 어떤 계약서들을 찍는지에 관한 이야기를 하겠다.

[계약서 검토]

프로젝트 관련 계약서를 보기 전에 계약서를 보는 방법에 대해서 먼저 이야기를 하겠다. 방법에 대해서 따로 이야기하는 이유는 하나의 펀드를 설정하는 데 필요한 계약서의 종류는 프로젝트마다 천차만별이고 PF같은 사업의 경우에는 최소 10개 이상의 계약서를 검토해야 하는데 머릿속에 어떤 게 중요한 계약서인지 정리가 안 되어 있으면, 법무법인이 보내주는 약정서 파일을 열었을 때 보이는 수 많은 계약서를 보고 정신을 못 차릴 수 있다. 설정에 필요한 많은 계약서들이 있지만 여기서는 그 중 가장 많이 볼 수 있는 주요 계약서들 위주로 어떤 것들이 있는지 이야기해보겠다. 계약서 검토의 경우 이 책에서 자세히 설명할 내용이 아니라 각 프로젝트마다 어떤 계약서들이 들어가는지 간단하게 다루려고 한다.

우선 필자는 계약서를 이렇게 구분해서 본다.

① 기본계약서(금융관련계약서): 대출약정서, 사모사채 계약서 등으로 대출과 관련된 금액, 채권보전 방안 등 프로젝트 관련 모든 내용이 들어가 있는 가장 중요한 계약서.

② 담보 관련 계약서: 관리형토지신탁계약서, 담보신탁계약서, 연대보증계약서, 시행권 포기각서 등으로 이 대출을 하면서 채권보전방안에 적어놓은 담보 관련 계약서.

③ 기타 계약서: 사업 관련 제반서류 등으로 법률의견서, 이해관계인들 회사 관련 서류들, 인출선행조건 관련 서류들로 받았는지만 확인하면 되는 자료들.

이렇게 법무법인으로부터 계약서를 받으면 우선 ① 기본계약서에 펀드제안서에서 적은 채권보전방안 등에 있는 내용들이 다 들어가 있는지 꼼꼼하게 보고 ② 담보 관련 계약서가 빠진 게 있는지 하나씩 확인하면서 보면 된다. 아래는 PF에서 자주 볼 수 있는 계약서들인데 가장 중요한 대출약정서와 관리형토지신탁계약서만 간단하게 설명하고 넘어가도록 하겠다. 자세한 내용이 궁금하면 인터넷에 검색하면 관련 계약서들이 나오니 한번 읽어보면 도움이 될 것이다.

[계약서 검토]

① 기본계약서(금융관련 계약서): 대출약정서(투자형태에 따라 사모사채계약서 등) PF를 진행하면 계약서의 종류가 많은데 이 중 가장 중요한 계약서가 뭐냐고 묻는다면 대출약정서라고 답할 것이다. 대출약정서에는 이번 PF대출과 관련하여 대출이자는 얼마이나 어떻게 수취하고, 인출 선/후행조건은 어떻고, 문제가 발생했을 때 어떻게 처리를 하고, 채권보전방안들은 어떤 게 있는지 같은 내용들이 정리되어 있다. 여기에서 중요한 점은 우리가 만든 펀드제안서 중 대출개요에 있는 내용이 여기에 반드시 다 들어가 있어야 한다는 점이다. 우리가 펀드제안서에 "채권보전을 위해 담보로 뭐뭐 잡았습니다."라고 이야기를 했는데 막상 대출약정서를 봤더니 그 내용이 없고, 실제로 관련 계약도 안 되어 있으면 투자자에게 거짓말을 한 셈이 되어버리는 것이기 때문이다.

약정서를 체결할 때 운용사 입장에서 이야기하면 운용사와 펀드신탁사 간의 신탁계약서에 의해 대출약정서상 계약체결의 주체가 펀드신탁사가 되고 운용사는 펀드신탁사에 운용지시하여 실질적으로 펀드를 운용하게 된다. 실제 대출약정서 날인란을 보면 펀드의 경우 펀드신탁사가 '펀드신탁사(KAIC일반사모투자신탁제1호의 신탁업자의 지위에서' 날인하고, 경우에 따라 운용사도 '운용사(KAIC일반사모투자신탁제1호의 집합투자업자의 지위에서'에 날인을 한다. 처음 약정식에서 체결하는 기본계약서/담보 관련 계약서/기타 계약서 외에도 펀드를 운용하다 보면 중간중간 각종 대주의 동의서나 날인이 필요한 경우가 있는데, 이럴 때 프로젝트의 실제 대주는 펀드신탁사이니 운용사에서는 펀드의 신탁업자에게 날인하라는 운용지시를 보내 처리하게 된다.

② 담보관련 계약서: 관리형토지신탁계약서

이 계약서는 관리형토지신탁과 관련하여 위탁자, 수탁자, 시공사, 대주단 그리고 대리금융기관 간 체결하는 계약서로 '관리형토지신탁의 본문'과 '관리형토지신탁계약의 특약사항'으로 구성되어 있다. 본문에는 관리형토지신탁의 목적과 의무 등과 같은 기본적인 사항이 들어가고, 이어서 나오는 특약사항에 본격적으로 이번 프로젝트 관련 전체 사업개요, 사업내용, 각 이해관계인의 역할, 관리형토지신탁 기간과 신탁보수(부동산신탁사의 부동산신탁보수로 펀드의 펀드신탁보수와 다르니 주의)에 대한 내용, 책임준공에 대한 내용 등이 정리된 계약서다. 앞에 대출약정서와는 목적이 어떻게 다른지 이해가 갈 텐데 간단하게 이야기하면 계약의 핵심주체가 대출약정서는 차주(위탁자)와 대주였다면, 관리형 토지신탁계약서에서는 차주(위탁자)와 부동산신탁사라고 할 수 있다.

[두 번째 프로젝트]
B시 주상복합 개발사업 후순위 PF대출 사모사채 투자

사모사채의 사전적 정의는 채권 발행자가 공개모집의 형식을 취하지 않고, 특정 개인이나 보험회사, 은행, 투자신탁회사 등 기관투자자들과 직접 접촉해서 발행증권을 인수시키는 형태의 사채를 의미한다. 실무에서 사모사채 투자를 하는 경우가 많은데 처음 접하는 분들에게는 낯설어서 어렵게 느껴지겠지만, 투자하는 절차와 계약서의 내용이 매우 간단하니 이번 후순위 PF대출 사모사채 투자 프로젝트를 보면 쉽게 이해할 수 있을 것이다.

[Term-Sheet]

구 분	내 용
프로젝트명	B시 주상복합 개발사업 PF대출 사모사채 투자
사모사채 투자금액	40억 원
대출기간	대출일로부터 45개월(잔존만기: 37개월)
금 리	연 6.5%
취급수수료	0.5%
차 주	㈜차주
이자지급방법	매 3개월 선취
조기상환 가능여부	조기상환 가능(조기상환 수수료는 조기상환 금액의 1%)
채권보전방안	① 발행회사의 관리형토지신탁 우선수익권 근질권 설정 ② 발행회사 주식 근질권 설정

프로젝트 배경에 대해 간단히 설명하겠다. 본건은 B시에 위치한 주상복합 개발사업에 투자하는 건이다. PF라는 점에서 앞에 진행했던 A시 도생 개발사업 건과 비슷해 보이지만, A시는 본PF로 대출 초기에 대주단으로써 투자하는 딜이었던 반면 본건은 잔존만기가 적혀있는 것으로 보아 이미 본PF가 나가서 진행 중인 사업장에 투자하는 딜이며, 사모사채 투자로 보아 프로젝트의 **대주단이 아닌 투자자로 참여하는 딜로 보인다.** 참고로 추가설명을 하면 진행 중인 사업장이기 때문에 사모사채 투자방식으로 딜을 제안받은 게 아니라 PF대주단 중 한 대주가 SPC고 우리는 SPC가 발행하는 사모사채에 투자를 하기 때문에 이런 구조의 프로젝트가 된 것이다. 최초 PF 시에도 대주단 중 SPC를 만들어서 사모사채 투자 방식으로 프로젝트에 참여할 수 있다.

프로젝트명: 사실 이 프로젝트의 경우 필자가 최초에 제안받았던 내용은 대출채권 양수도 방식(다음 3번째 프로젝트에서 배울 예정)이었다. 하지만 대출채권 양수도 방식으로 하면 업무처리가 번거롭기 때문에 필자는 이런 딜이 들어오면 기존에 대주로 들어가 있는 SPC를 상환받으면서 청산하게 하지 말고 SPC가 사모사채를 새로 발행하여 그 사모사채에 신규 투자하는 방식을 제안한다. 이게 무슨 말인지는 다음 구조도를 보면서 자세히 이야기하겠다.

[현재 구조]: 사모사채 투자 방식

[최초 제안받은 투자구조]: SPC의 대출채권 양수도 방식

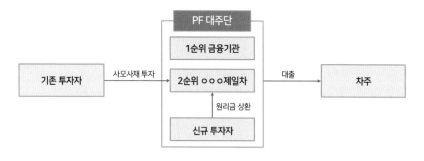

[필자가 제시한 투자구조]: 사모사채 투자 방식

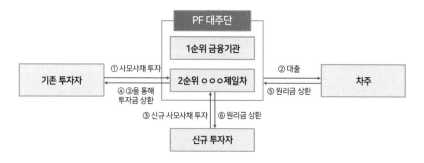

[현재 구조]는 기존 PF대출이 어떻게 나가있는지를 설명하는 구조도

요약이다. 2순위 대주로 SPC인 ○○○제일차가 세워져 있는 상태고, 누구인지 알 수는 없지만 기존 투자자가 SPC에 사모사채 투자를 하고 SPC는 그 돈으로 차주인 시행사에 대출을 해주었다. 여기에서 프로젝트 PF대주는 금융기관과 ○○○제일차이며 관리형 토지신탁으로 진행되는 사업일 경우 각각 관리형 토지신탁 1순위 우선수익권자, 2순위 우선수익권자가 된다. 그리고 기존 투자자는 SPC가 가지고 있는 대주로서의 권리인 2순위 우선수익권에 근질권을 설정하는 방식으로 채권보전방안을 마련했을 거라고 예상할 수 있다. 여기서 기존 투자자 역시 직접 대주가 아니라 사모사채 투자자로서 이 프로젝트에 참여하고 있는 구조인 것을 알 수 있다.

이런 상태에서 이번 두번째 프로젝트에서 배우는 투자구조는 [필자가 제시한 투자구조]에 해당한다. 이 부분은 투자 프로세스가 중요하기에 번호 순서대로 따라가면서 보겠다. 현재 프로젝트가 ①, ②로 투자가 나가 있는 상태라는 건 이해가 될 거라 생각한다. 이제 이 구조에서 우리가 신규 투자자가 SPC에 사모사채 투자를 해주게 되면 ③, ④를 통해 기존 투자자는 투자금을 상환받고, 미래에 사업이 끝나고 신규 투자자는 ⑤, ⑥을 통해 상환받게 된다. 이 과정에서 신규 투자자는 기존 투자자의 투자금을 상환해주면서 기존 투자자가 가지고 있던 2순위 우선수익권 근질권 설정 등과 같은 채권보전방안들을 그대로 가져오게 된다. 우리가 지금부터 공부할 두 번째 프로젝트가 정확하게 이런 구조로 나가 있으니 이를 기억하고 펀드제안서 구조도를 보면 바로 이해가 될 것이다.

참고로 여기서 [최초 제안받은 투자구조]와 [필자가 제시한 투자구조]와의 가장 큰 차이는 PF대주단으로 포함되는지 여부다. 이는 채권보전방안으로 우선수익권을 받는지 우선수익권에 근질권을 설정하는지로 실무에서 큰 차이를 가져오게 된다. [최초 제안받은 투자구조] 부분에 관한 자세한 내용은 세 번째 프로젝트에서 설명할 텐데 구조적으로 어떻게 다른지는 여기서 이해하고 넘어가는 게 좋다.

채권보전방안: 근질권에 대한 설명은 첫 번째 프로젝트 대출금입금계좌에서 했으니 넘어가고, 실무적으로 이게 어떻게 처리되는지 설명하려 한다. SPC가 부동산신탁사로부터 원리금을 받기 전 부동산신탁사에서 원리금을 SPC로 보내도 되겠냐는 동의서가 근질권자(투자자)에게 오고, 근질권자(투자자)가 SPC에 원리금을 입금해도 된다는 동의서에 동의를 해주면 SPC에 원리금이 입금된다. 부동산신탁사로부터 근질권자(투자자)에게 오는 동의서의 정확한 이름은 자금집행동의서이며, 안에는 지금 이야기한 SPC에 원리금을 지급하는 데 동의하겠냐는 내용이 들어있다. 다음 장에 자금집행동의서를 가져왔는데 한 번 읽어 보면 좋을 것 같다. 참고로 앞에서 이야기했는데 여기서도 계약서를 보면 상호에 '~의 신탁업자로서'라고 되어있다. 사람들과 대화를 하다 보면 '펀드가 대출을 해준다.' 또는 '대주단으로 펀드가 들어간다.'라는 식으로 표현을 했으나, 실제 대주는 펀드의 신탁업자로 업무처리 및 계약체결은 위에 보이는 것처럼, 자산운용사가 동의 여부를 판단하여 펀드신탁사에 운용지시를 보내면 펀드신탁업자가 날인 후 발송한다.

자 금 집 행 동 의 서

(주)   귀중

당사는 '서울특별시   '를 신탁부동산으로 하여 귀사와
위탁자 ㈜   등 간 년 월 일 체결한 관리형토지신탁계약(년
  월   일자 추가·변경계약 포함하며, 이하 '신탁계약')의 3순위 우선수익권(우선수
익자   (주) / 증서금액   원)의 공동1순위 근질권자로서, 귀사
가 '신탁계약'에 따라 우선수익자   (주)에게 변제기가 도래한 대출원리금
(연체이자 포함) 및 각종 수수료 등을 포함한 금융비용을 직접 지급함에 동의합니
다. 또한 본 동의서에도 불구하고 당사가 근질권설정계약에 따라 수익금 지급을 귀
사에 직접 청구할 경우 사전에 서면요청할 것을 확인합니다.

                    년 월 일

3순위 우선수익권의 공동1순위 근질권자
상   호 :   (사모투자신탁제 호의 신탁업자로서)
은 행 장 :
투자자산수탁부장 :   (인)

[펀드제안서(IM)]

① **펀드 개요** → ② **사모사채 개요** → ③ **투자대상 분석** → ④ **위험고지**

①-1. 펀드 개요

구 분		내 용
펀드명		KAIC일반사모투자신탁제2호
펀드유형		일반 집합투자기구 / 사모형 / 단위형 / 폐쇄형
위험등급		1등급(매우 높은 위험)
투자대상		B시 주상복합 개발사업 후순위 PF대출 기초 사모사채
모집금액		40억 원(예정)
펀드설정일		2020년 00월 초(예정)
펀드만기일		2023년 00월 초(운용기간: 약 38개월 / 잔여대출기간: 약 37개월) (※ 투자자금 전액 회수 시 펀드 조기 청산 예정)
목표수익률		연 [TBD]% 수준(보수 및 제비용 차감 후, 세전) <u>(※ 본 펀드의 투자대상인 사모사채가 분할 상환될 경우, 상 기 목표수익률을 달성하지 못할 수 있음)</u>
이익분배		약 3개월 (단, <u>최초 이익분배는 2020. 00. 00. 예정)</u>
환매가능여부		환매 불가
투자자격		다음 중 어느 하나에 해당하는 적격투자자 ① 전문투자자로서 자본시장법 시행령 제271조 제1항에서 정하 　는 투자자　　. ② 금 1억 원 이상을 투자하는 개인 또는 법인, 그 밖의 단체
선취판매수수료		납입금액의 [T.B.D]%
총 보 수	총 기본보수	원본액의 연 [T.B.D]%
	운용 보수	원본액의 연 [T.B.D]%
	판매 보수	원본액의 연 [T.B.D]%
	신탁 보수	원본액의 연 [T.B.D]%
	사무관리보수	원본액의 연 [T.B.D]%

펀드개요의 내용은 앞에 첫 번째 A시 프로젝트와 차이가 없으나, 다시 한번 정확하게 하나하나 의미를 이해해보며 읽고 넘어가는 걸 추천한다. 밑줄 친 내용은 설명이 필요한데, 뒤에 ②-1. 사모사채 개요에서 자세히 알아보겠다.

①-2. 펀드구조

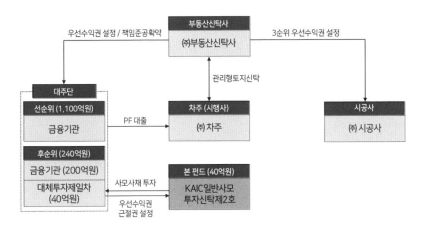

이제 구조도를 이해하는 데 어렵지 않을 거라고 생각한다. 본 펀드를 제외한 박스들은 본PF의 이해관계인들인데 구조도 모양은 다르지만 첫 번째 프로젝트와 들어간 내용과 거의 똑같다는 것을 알 수 있다. 본 펀드는 SPC인 대체투자제일차에 40억 원을 사모사채 투자하여 기존 대주를 상환시키고 SPC가 가지고 있는 공동 2순위 우선수익권에 근질권을 설정하는 방식으로 채권보전방안을 마련한다.

① 펀드개요 → ② **사모사채 개요** → ③ 투자대상 분석 → ④ 위험고지

이 펀드제안서는 ② 사모사채 개요가 특히 중요하다. 두 번째 프로젝트에서는 첫 번째 프로젝트에서 봤던 전체 대출구조와는 다르게 사모사채 개요와 기초자산 대출개요 2가지 관련 내용을 반드시 넣어야 한다. 사모사채 개요는 우리가 어떤 사모사채에 투자하는지에 관한 내용이고, 기초자산 대출개요는 우리가 투자하는 사모사채를 포함한 전체 PF와 관련된 내용인데 이 기초자산 대출개요 부분이 첫 번째 프로젝트인 A시 대출개요에 해당한다. 자세한 내용은 아래 표를 보면 금방 이해가 될 것이다.

②-1. 사모사채 개요

구 분	내 용
발행 회사	대체투자제일차㈜(SPC)
채권 종류	사모사채
기초 자산	발행회사가 보유한 B시 주상복합 개발사업 후순위 PF 대출채권
발행 금액	40억 원
발행일	2020. 00. 00.
만기일	2023. 00. 00.
발행 이자	연 6.5%
인수수수료	발행금액의 0.5%
이자지급방법	매 3개월 선취(단, 최초 이자지급은 1개월 선취)

원금상환방법	만기 일시 상환
조기상환	가능(※ 기초자산 대출약정에 따라 분할상환 될 수 있음)
조기상환 수수료	조기상환금액의 1.0% (단, 최초 인출일로부터 2년 이후 상환 시 또는 본건 사업의 분양수입금을 상환재원으로 상환 시 조기상환수수료 면제)
연체이자	연 9.5%(정상이자 + 연 3%p)
주요채권보전조치	① 발행회사의 관리형토지신탁 공동 2순위, 5순위 우선수익권에 근질권 설정 ② 발행회사 주식 근질권 설정
대금지급 선행조건	우선수익권 근질권 설정에 대한 신탁사의 확정일자부 승낙서 징구

이 부분은 위에 펀드 구조도 중 '본 펀드'의 투자대상인 '대체투자제일차'가 발행하는 사모사채가 어떤 것인지에 대해 설명하는 부분이다. 대체투자제일차는 보유하고 있는 공동 2순위 PF 대출채권을 기초로 한 사모사채를 발행하고 우리는 이 사모사채에 투자한다. 이런 투자 구조에서 펀드가 주의할 점은 사업이 끝나고 투자금을 일시에 상환받는 게 아닌 분할상환 받을 수 있다는 점이다. 이는 기초자산인 본PF의 대출약정서상 대체투자제일차가 조기상환을 받을 수 있게 대출약정을 체결했기 때문에 이를 기초로 발행되는 SPC의 사모사채에도 이 조건이 따라서 붙기 때문이다. 물론 우리가 투자하는 사모사채는 SPC가 신규로 발행하는 사모사채이기 때문에 이런 조건을 뺄 수도 있지만, 어차피 본PF의 차주는 SPC를 포함한 대주와 분할상환이 가능한 대출약정을 체결한 상태라 상환재원이 생기면 분할상환을 할 텐데, SPC는 차주는 이미 상환해서 이자도 안 나오는 원금을 보관만 하고 있을 필요도 없으니 차라리 SPC로부터 펀드로 돈을 받고 REPO 투자를

하는 게 낫다. 이런 이유 때문에 앞에 ①-1. 펀드개요 목표수익률 부분에 "본 펀드의 투자대상인 사모사채가 분할 상환될 경우, 상기 목표수익률을 달성하지 못할 수 있음."이라는 내용을 넣었다.

그리고 ①-1. 펀드개요 중 이익 분배 부분에서 최초 이익분배일을 지정해둔 이유를 설명하면, SPC가 차주로부터 이자를 받는 게 3개월 단위인데 사모사채 투자시점이 3개월 미만으로 남은 경우 펀드가 이자를 받는 날과 이익 분배해주는 날을 맞추기 위함이다. 이 말은 예를 들어 본 펀드의 사모사채 투자시점이 1월 11일이고, SPC의 대출이자 기간이 1월 2일 ~ 4월 2일에 3개월 후취라고 가정해보자. 그리고 이 프로젝트에서 SPC는 4월 2일에 대출이자를 받는데, SPC가 발행하는 사모사채에 투자한 본 펀드의 이익분배일은 3개월 단위이기 때문에 날짜로 보면 1월 11일의 3개월 뒤인 4월 11일에 이익분배를 하게 된다. **그런데 만약 최초 이익분배일을 4월 11일이 아닌 이자가 들어오는 4월 2일로 정하면** 다음 이익분배 기간은 이자가 들어오는 3개월 단위로 자동으로 맞출 수 있게 된다. 실무에서 이런 이익분배 날짜는 이 책 3부 신탁계약서 제30조 투자신탁의 회계기간 중 임의결산에 따라 처리할 수 있게 만들어두거나 최초 회계기간은 언제 한다는 식으로 넣어두면 된다. 글로 봐서는 바로 이해가 어려울 것 같아 그림으로 표현해 봤는데 이해하는 데 도움이 됐으면 좋겠다. 참고로 이렇게 이자지급일과 이익분배 날짜를 꼭 맞출 필요는 없는데, 필자는 날짜를 맞출 수 있는데 안 맞출 이유도 없고 이렇게 하는 게 자금관리를 하기 더 편하다고 생각하여 맞춘 것이니 이런 방식으로도 운용이 가능하구나 정도만 알고 있으면 좋을 것 같다.

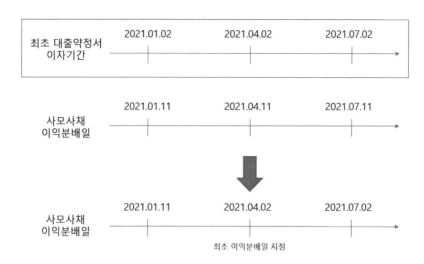

그리고 이번 프로젝트에서 사모사채 개요를 보면 대금지급 선행조건 관련 내용이 있는데 이는 관리형 토지신탁계약 때문이다. 관리형 토지신탁 계약서의 본문 내용 중 수익권의 양도, 승계, 질권설정과 관련된 내용이 있는데, 여기에 보면 (우선)수익자는 부동산신탁사가 날인한 승낙서 및 확정일자 있는 증서 없이 (우선)수익권을 양도, 승계, 질권설정 등 할 수 없게 되어 있다.

참고로 이렇게 이미 기표된 프로젝트에 투자하는 경우 앞에 계약이 어떻게 되어 있나 확인을 안 하고 '주간사가 줬으니까 당연히 문제없겠지.'라는 생각으로 진행하다가 정말 한 줄 때문에 조건이 확 달라져서 딜이 깨지는 경우가 생각보다 많으니 반드시 자료를 다 요청하고 꼼꼼하게 읽어봐야 한다. 가끔 대주에게 투자를 부탁하면서 공사비가 늘어난 변경도급계약서를 안 주는 경우도 있고, 상환 순위가 달라져서 안전했던 프로젝트가 위험한 프로젝트로 바뀐 경우도 있었고, 프로젝트 관련 서류 알집 파일을 보내주면서 중요 내용이 들어가 있는 계약서를 빼고 주는 경우가 있었다. 마지막의 경우 말을 하면 그제서야 계약서를 주긴 하는데 이런 경우들은 이미 사람에 대한 신뢰에 문제가 생겨 대부분 딜이 깨졌다. 아래는 위에서 말한 대금지급과 관련하여 실제 관리형 토지신탁계약서에 있는 내용이니 참고하면 좋을 것 같다. 여기서 '병'이 부동산 신탁업자를 의미한다.

제15조(수익권의 양도, 승계, 질권설정)
① 수익자는 '병'의 승낙 없이 수익권을 양도, 승계, 질권설정 등을 할 수 없다.
② 수익권을 양수하거나 승계한 자는 그 지분비율에 해당하는 수익자의 권리, 의무를 승계한다.
③ 수익자의 변경에 필요한 비용은 수익자가 부담한다.

---

②-2. 기초자산 대출개요

구 분	내 용				
차 주	㈜차주(시행사)				
Tranche	선순위(총 1,100억 원)			후순위(총 240억 원)	
대 주	금융기관	금융기관	금융기관	금융기관	대체투자제일차
대출금액	450억 원 (일시 50억 / 한도 400억)	450억 원 (일시 50억 / 한도 400억)	200억 원 (일시 50억 / 한도 150억)	200억 원 (일시 50억 / 한도 150억)	40억 원 (전액 일시)
대출 이자	연 5.9%			연 6.5%	
이자지급방법	3개월 선취			3개월 선취	
Exit 분양률	50.0%			60.9%	
대출 기표일	2019년 00월 00일(대출실행 완료)				

대출 만기일	2023년 00월 00일(대출 실행일로부터 45개월)
미인출수수료	미인출 대출잔액의 0.5%/년 기준 (최초 인출일 1년 경과 이후 매 3개월 단위 분할 수취)
자금조달목적	본건 사업 관련 토지비, 공사비, 금융비용 등
연체 이자	정상이자 + 연 3%
원금상환방법	1) 만기 일시 상환 2) 의무적 조기상환 　분양수입금 자금배분(대출상환적립, 사업비지급)에 따라 대출상 　환적립계좌잔액 중 1억 원 단위로 매 이자지급일마다 분할 상환
조기상환	가능
조기상환 수수료	조기상환금액의 1.0% ※ 최초 인출일로부터 2년 이후 상환 시 또는 분양수입금으로 상 　환 시 조기상환수수료 면제
인출선행조건	1) 본건 사업시행 관련 제반 인허가의 완료 2) 제반 금융계약이 적법하게 체결되었을 것 3) 본건 사업부지 관련 토지계약의 유효한 체결 여부 확인 4) 관련 프로젝트 계좌의 개설 및 차주 명의 계좌의 근질권 설정 5) 기타 대주가 요구하는 조건 구비
인출후행조건	최초 대출 실행일로부터 제1영업일 이내에 관리형토지신탁 계약상 의 우선수익권 증서 제출

채권보전조치	1) 관리형토지신탁의 우선수익권 설정 (선순위 대주: 1순위, 4순위 / 후순위 대주: 2순위, 5순위 우선수익권 설정) 2) 시공사 책임준공 및 미이행 시 채무인수 / 신탁사 책임준공 및 미이행 시 손해배상 3) 차주사 주식 근질권 설정 4) 사업시행권 포기 및 양도각서 제출 5) 시공권 및 유치권 포기각서 제출 6) 프로젝트계좌(신탁계좌제외) 및 보험금청구권(준공 후 화재보험) 근질권 설정 7) 기타 대주가 합리적으로 요청하는 사항
대출금 상환비율	계약금 및 중도금의 80%, 잔금의 100% ※ 할인분양 시, 최초분양가 기준으로 대출금 상환재원 배분함 ※ 분양대금으로 확보한 대출금 상환재원을 사업비로 사용 시, 미인출금액에서 한도 차감

　대주: 이 프로젝트는 선순위로 3개의 금융기관이 동순위로, 후순위로 SPC(대체투자제일차) 및 금융기관이 동순위로 투자하고 있는 구조다. 각 동순위자들은 당연히 대출 이자 및 채권보전 방안 조치를 포함한 Exit분양률 관련 내용은 같다. 다만 종종 프로젝트에서 동순위로 다수의 대주가 들어가는 경우 취급수수료를 공개하지 않는 경우가 있는데, 이는 주간사와 특정 대주가 어떤 관계가 있던가 대주 쪽에서 어느 정도 수익률을 맞춰주지 않으면 투자를 안 하겠다 등과 같은 협의가 있었기 때문으로 동순위지만 같은 취급수수료를 지급해 주지 않는 걸 감추기 위함이다. 이 때문에 대출약정서상에 원래는 취급수수료 부분이 나와야 하지만 표기할 수 없으니, 대출취급수수료계약서를 따로 만들어서 약정을 체결하게 된다. 이 부분에 있어서 주간사에서는 각 대주

별로 대출취급수수료계약서를 잘못 보내지 않게 조심해야 한다.

대출금액: 한도대를 사용하는 금융기관들도 많이 있지만, 펀드의 경우 투자자에게 최대한 펀드제안서에 명확한 목표수익률을 제시하고 그 제시한 목표수익률을 맞추기 위해 일시대로 기표를 한다. 만약 펀드를 한도대로 설정하면 차주가 언제 추가대출을 받을지 그 시점을 알 수 없기 때문에 정확한 목표수익률을 제시해 줄 수 없게 된다.

물론 이 두 번째 프로젝트는 이러한 한도대 때문은 아니지만 펀드의 목표수익률이 떨어져서 고객에게 제시한 목표수익률을 못 맞춰줄 수 있는데, 그 이유는 ②-2. 기초자산 대출개요 중 원금상환방법으로 2) 의무적 조기상환 부분에 1억 원 단위 분할 상환을 할 수 있게 해놨기 때문으로, 만약 차주가 만기 일시가 아닌 분할 상환을 할 경우 펀드의 목표수익률이 떨어지게 된다.

미인출수수료: 미인출수수료는 미인출된 한도대출금액에 대해 받는 수수료를 의미한다. 수수료라고 표현되어 있지만 대출취급수수료처럼 일시로 한 번에 받는 게 아니라 '대출약정금 중 미인출 잔액의 연 0.5%' 이런 식으로 이자처럼 받는 수익이다. 미인출 잔액은 대출약정서의 한도대 금액 중 인출되지 않고 남아있는 대출잔액을 의미하며, 이 대출잔액에 대해 이자를 지급한다는 의미다. 이와 관련된 내용은 대출약정서 중 수수료 부분에서 확인할 수 있다. 나머지는 첫번째 프로젝트에서 설명했던 내용들이니 넘어가도록 하겠다.

③-1. 민감도 분석

(단위: 억 원, 부가세 제외)

분양률	분양 수입금	상환 재원	대출금잔액		미분양 금액	미분양금액 대비 대출금잔액 LTV		비고
			선순위	후순위		선순위	후순위	
0.0%	0	0	1,100	240	2,200	50.0%	60.9%	–
10.0%	220	220	880	240	1,980	44.4%	56.6%	–
20.0%	440	440	660	240	1,760	37.5%	51.1%	–
30.0%	660	660	440	240	1,540	28.6%	44.2%	–
40.0%	880	880	220	240	1,320	16.7%	34.8%	–
50.0%	1,100	1,100	–	240	1,100	–	21.8%	선순위 Exit
60.0%	1,320	1,320	–	20	880	–	2.3%	–
60.9%	1,340	1,340	–	–	860	–	–	후순위 Exit
70.0%	1,540	1,540	–	–	660	–	–	–
80.0%	1,760	1,760	–	–	440	–	–	–
90.0%	1,980	1,980	–	–	220	–	–	–
100.0%	2,200	2,200	–	–	–	–	–	–

※ 민감도 계산의 경우, 편의를 위해 분양수입금이 100% 상환재원으로 사용된다고 가정

첫 번째 프로젝트와 다르게 '미분양금액 대비 대출금잔액 LTV'가 추가되었다. 이 값은 '대출금잔액 / 미분양금액'으로 상환재원이 모두 마련되면 '미분양금액 대비 대출금잔액 LTV'는 0%가 된다. 이 부분에 대해 조금 더 설명하면 종종 분양률이 안 올라오는 사업장의 경우 미분양분 담보대출을 받아 상환재원을 마련해야 하는데, 이때 미분양 담

보대출을 몇 %까지 받아야 상환재원이 마련되는지 확인하기 위함이다. 예를 들어 차주의 대출금액이 76억 원이고, 100% 분양됐을 때 상환재원이 100억 원인 상황에서 현재 40% 분양이 되어 40억 원의 상환재원이 마련되어 있는 상태라고 가정할 경우, 미분양분은 60억 원이 되고 이 60억 원에 대한 미분양분 담보대출로 60%인 36억 원을 받으면 잔여상환재원을 마련할 수 있게 된다고 생각하면 된다. 여기서 60%를 받을 수 있는지는 검토하는 기관마다 다르고 상품 유형에 따라도 다르니 사전에 미분양분 담보대출을 몇 %까지 받을 수 있나 확인해보는 것도 중요하다.

위의 민감도 분석 표를 해석하면 이 프로젝트에서 선순위 대주단은 분양률 50.0%에서 후순위 대주단은 분양률 60.9%에서 원금을 상환받을 수 있다. 이 계산과 관련해서는 첫 프로젝트에서 설명했으니 이번에는 어떤 흐름인지 눈으로 쭉 읽고 넘어가면 될 것 같다. 그리고 이 뒤에 이어지는 내용으로 유사물건 분석 내용을 넣어주면 되는데, 여기서는 시장리포트 같은 내용들을 보고 정리해서 넣으면 되는 장표라 바로 위험고지로 넘어가도록 하겠다. 참고로 여기서부터 펀드의 공통위험은 내용이 동일하니 각 프로젝트의 고유위험에 관한 내용만 이야기하겠다.

① 펀드개요 → ② 사모사채 개요 → ③ 투자대상 분석 → ④ **위험고지**

④-1. 고유위험

위험 구분	위험의 주요내용
담보 확보 관련 위험	본 투자신탁은 본건 사모사채 투자와 관련하여 발행회사인 대체투자제일차㈜가 보유한 관리형토지신탁의 우선수익권에 근질권을 설정하는 방식으로 담보를 확보할 예정임. 이 경우, 근질권자는 부동산신탁사의 근질권 설정 승낙 조건에 따라 직접 우선수익권을 확보하는 것보다 권리행사가 제한적일 수 있음.
입주 지연 및 미입주 위험	본건 사업은 공사지연 또는 예상치 못한 사유로 입주가 지연되거나, 최악의 경우 대규모 미입주 또는 분양계약 해지가 발생할 수 있으며, 이 경우 본 투자신탁의 투자원본의 일부 또는 전부에 대한 손실이 발생할 수 있음.
상환 위험	본건 사모사채의 기초자산인 후순위 PF대출은 선순위 PF대출보다 더 큰 위험에 노출되며, 분양대금 등으로 상환받을 예정으로, 상환예정일까지 분양계약 취소가 발생하거나 미분양분 담보대출 등이 이루어지지 못할 경우 상환 지연, 목표수익률 미달 혹은 투자신탁의 원금손실이 발생할 수 있음.
인허가 위험	본건 사업과 관련하여 사용승인 등의 인허가 위험이 존재함.
준공 위험	본건 사업은 시공사인 ㈜시공사 및 부동산신탁사인 ㈜부동산신탁이 책임준공확약하는 사업이나, 시공사 및 부동산신탁사의 부도 등 예상치 못한 사유로 인해 준공이 지연되거나 준공이 되지 않을 위험이 존재함.
채무불이행 위험	본 투자신탁은 PF 대출을 기초로 하는 사모사채에 투자하므로, 부동산 경기 악화, 경제상황의 변동 등 예상치 못한 사유로 인해 채무불이행이 발생할 수 있으며, 이 경우 본 투자신탁의 투자원본의 일부 또는 전부에 대한 손실이 발생할 수 있음.
사모사채 분할상환 관련 위험	본 투자신탁의 투자대상인 사모사채는 조기상환시 분할상환 될 수 있으며, 상환 받은 금액은 사모사채 이자수익이 발생하지 않아, 본 투자신탁의 목표수익률을 달성하지 못할 수 있음.

[세 번째 프로젝트]
C시 지식산업센터 개발사업 후순위 PF 셀다운

 증권사가 프로젝트의 전체 발행물량을 사들이는 방식을 총액인수라고 한다. 예를 들어 1,000억 원 규모의 대출이 있다면 증권사가 따로 대주단 모집을 하지 않고 1,000억 원 전액 대출해주는 방식을 말한다. 증권사 입장에서는 떠안아야 하는 위험이 커지지만, 다른 대주들을 구하지 않아도 되기 때문에 딜 성공(클로징) 확률도 높아지고 많은 수수료를 받아 큰 수익을 낼 수 있다. 그리고 잔액인수가 있는데 증권사가 대주단을 모집하고 남은 물량을 떠가는 형태로 이는 잘 사용하지 않는 표현이니 참고로 개념만 알고 있으면 된다. 이처럼 증권사에서는 총액이든 잔액이든 대출을 하고 프로젝트 만기까지 보유할 수도 있지만 만기까지 보유하면서 이자를 받는 것보다 대출금을 회수하고 새로운 프로젝트의 대출주간을 한 번이라도 더 해서 수수료를 받는 게 수익이 좋기 때문에 증권사는 중간에 투자금 회수를 위해 기존 프로젝트의 대출채권을 일부 또는 전부를 매각하여 Exit을 한다. 금융에서는 이를 셀다운(Sell-down)이라고 한다. 셀다운은 증권사가 많이 해서 증권사를 예시로 들었는데 의미는 기존에 가지고 있는 대출채권을 매각하는 것으로 운용사 등 다른 기관에서도 가능하다.

 증권사에서 셀다운을 하는 이유는 위에서 말했듯이 새로운 프로젝트에 투자해 수수료를 받기 위해서다. 무사히 상환받을 수 있는 사업장이라면 대출채권을 매각하지 않고 계속 이자를 받으면 좋겠지만, 증권사도 사용할 수 있는 돈은 한정적이기 때문에 셀다운으로 투자한 돈을 회수하고 새로운 프로젝트에 투자하는 것이다. 이때 증권사에서 투자할 때 쓰는 회사 돈을 Book이라고 하며, 한도는 회사마다, 팀마다 다르고, 딜마다 쓸 수 있는 금액이 다르기 때문에 정해진 것은 없다. 또한 Book은 상황에 따라 만약 대주단 중 한 대주가 무조건 기표를 할 건데 대주 쪽 내부심의 때문에 기표 시기를 못 맞출 것 같은 경우 증권사에서 일단 Book으로 투자해서 잠시 대출채권을 들고 있다가 그 대주에게 셀다운을 주기도 하는 등 활용할 수 있는 방법은 다양하다.

증권사가 이런 셀다운을 하는 시점은 투자하고 있는 물건이 PF일 경우 Exit분양률까지 올라왔을 때가 일반적이다. 그 이유는 대부분 사업장은 시공사 책임준공에다가 필요한 경우 추가로 부동산신탁사의 책임준공이 붙기 때문에 준공위험이 낮은 편이고, 여기에 Exit 분양률까지 달성했다면 분양위험까지 해소된 상태라서 부동산 프로젝트의 가장 큰 위험인 준공위험과 분양위험이 모두 해결되었기 때문이다. 그렇기 때문에 최초 PF 때 차주로부터 받는 대출취급수수료는 분양까지 리스크를 떠안았던 증권사에서 가져가고 금리만 주는 조건으로 셀다운하게 된다. 물론 펀드가 셀다운 받을 때는 고객수익률과 선취판매수수료 등 각종 비용을 감안해야 하기 때문에 취급수수료를 일부 요청하긴 하는데, 증권사에서 안 된다고 하면 투자할 의향이 있어도 셀다운을 못 받는 경우도 종종 있다. 그런데 만약 프로젝트를 가져온 시점에 아직 Exit분양률을 달성하지 못한 상태거나 내부적인 이슈로 빨리 셀다운을 해야 하는 상황이라면 대출취급수수료를 일부 지급해주는 조건으로 딜을 제안하는 경우도 있다.

그리고 만약 대출취급수수료를 주는 경우 실무적으로 신경 써야 하는 부분이 있는데 증권사 셀다운제안서 대출취급수수료에 적혀있는 수수료가 다 펀드에 주는 수수료인지 아니면 증권사가 그 금액만큼 수수료를 받았는데 전체 대출기간에서 증권사 투자기간을 안분해서 가져가고 펀드가 나머지 금액을 가져가는지 미리 물어봐야 한다. 예를 들어 대출취급수수료에 적혀있는 금액이 1억 원이고 전체투자기간 12개월 중 증권사가 3개월을 보유 후 셀다운하는 경우, 이 증권사 셀다운제안서에 적힌 1억 원을 다 펀드에 주는 건지 아니면 증권사에서 이 투자로 1억 원을 받았고 이 중 잔여대출기간인 9개월에 해당하는 7,500만 원을 펀드에 주는 건지 확인해봐야 한다.

자산운용사는 이런 증권사의 셀다운 물량을 받아주는 대주 중 하나다. 자산운용사 입장에서는 위에서 이야기했지만 만기가 너무 긴 펀드는 판매사와 투자자 입장에서 좋아하지 않기 때문에 펀드를 설정하는데 고생을 한다. 하지만 셀다운의 경우, 증권사에서 만기가 몇 년씩 되는 PF펀드에 먼저 기표하여 대출채권을 들고 있다가 만기가 상대적으로 짧아진 시점에 또는 Exit분양률을 달성했을 때 자산운용사 제안해주면 운용사 입장에서도 상대적으로 설정하기 쉬운 PF펀드를 만들 수 있다.

이처럼 셀다운을 하면 증권사 입장에서는 빠르고 안전하게 원금을 회수하고 또 다른 사업장에 투자를 할 수 있기 때문에 좋고, 운용사 입장에서도 상대적으로 안전한 프로젝트에 투자할 수 있어서 윈윈이 된다.

[Term-Sheet]

구 분	내 용
프로젝트명	C시 지식산업센터 개발사업
대출금액	100억 원
대출기간	대출일로부터 30개월(잔존만기: 20개월)
금 리	연 6.5%
취급수수료	2.0%
차 주	㈜차주
이자지급방법	매 3개월 선취
조기상환 가능여부	가능(조기상환수수료는 조기상환 금액의 1%)
채권보전방안	① 관리형 토지신탁 우선수익권 설정 ② 공동시공사 책임준공 및 미이행 시 채무인수

이번 프로젝트는 C시에 있는 지식산업센터를 개발하는 건이다. 이 프로젝트는 이미 본PF 기표가 나가고 공사가 진행 중인 사업장인데, PF 대주단 중 한 금융기관이 가지고 있는 대출채권을 양도하기 위해 만들어진 프로젝트다. 진행 중인 사업장인지는 Term-Sheet 중 전체 프로젝트 기간이 30개월짜리인데 현재 잔존만기가 20개월 남아있다는 부분에서 알 수 있다. 그리고 대출약정서상 대출만기는 준공하고 수분양자들이 입주하고 잔금납입하는 기간을 고려하여 넉넉하게 잡으니 실제로 펀드는 잔존만기인 20개월보다는 더 빨리 상환될 것으로 예상된다. 이와 같은 이유로 사업장에 문제만 생기지 않는다면 조기상환이 될 텐데 대략적인 스케줄은 사업일정을 보면 알 수 있다. 그리고 앞에 프로젝트에서 빼고 설명한 부분이 있는데, 조기상환이 가능

한 PF의 경우 '분양수입금 및 준공 후 담보대출로 상환 시 조기상환수수료 없음' 같은 조건이 붙게 되어서, 실질적으로 프로젝트에서 조기상환수수료가 발생하는 경우는 공사가 연장되면서 리파이낸싱으로 상환하게 되는 경우 등이 된다. 이는 일반적인 내용이라 Term-Sheet에는 적혀있지는 않지만 뒤에 대출개요에서 해당 내용을 확인할 수 있는데, 종종 다른 조건이 붙는 경우가 있으니 이 부분도 꼭 정확하게 확인하고 넘어가야 한다.

참고로 앞에 B시 프로젝트에서 설명했던 사모사채 건도 SPC가 대주단으로 남아있지만 기존에 투자하고 있던 투자자가 Exit을 하고 나왔으므로 신규 투자자의 투자방법에 차이만 있을 뿐 둘 다 셀다운이라고 할 수 있다.

[펀드제안서(IM)]

① **펀드 개요** → ② 대출개요 → ③ 투자대상 분석 → ④ 위험고지

①-1. 펀드 개요

구 분	내 용
펀드명	KAIC일반사모투자신탁제3호
펀드유형	일반 사모집합투자기구 / 사모형 / 단위형 / 폐쇄형
위험등급	1등급(매우 높은 위험)
투자대상	C시 지식산업센터 개발사업 3순위 PF 대출채권
모집금액	약 100억 원(예정)
펀드설정일	2020년 00월 00일(예정)

펀드만기일	2022년 00월 00일(예정) (운용기간: 약 21개월, 잔여 대출 만기: 약 20개월) ※ 투자자금 전액 회수 시 펀드 조기 청산 예정
목표수익률	연 0.0% 수준(보수 및 제비용 차감 후, 세전) (※ 본 펀드의 투자대상인 후순위 PF대출이 분할 상환될 경우, 상기 목표수익률을 달성하지 못할 수 있음)
이익분배	약 3개월(단, 최초 이익분배는 2020. 00. 00. 예정)
환매가능여부	환매 불가
투자자격	다음 중 어느 하나에 해당하는 적격투자자 ① 전문투자자로서 자본시장법 시행령 제271조 제1항에서 정하는 투자자 ② 금 1억 원 이상을 투자하는 개인 또는 법인, 그 밖의 단체
선취판매수수료	납입금액의 [T.B.D]%

총보수	총 기본보수	원본액의 연 [T.B.D]%
	운용보수	원본액의 연 [T.B.D]%
	판매보수	원본액의 연 [T.B.D]%
	신탁보수	원본액의 연 [T.B.D]%
	사무관리보수	원본액의 연 [T.B.D]%

앞에서는 간단하게 넘어갔는데 이번에는 투자 대상을 자세히 보고 지나가겠다. 이 펀드의 투자대상은 대출채권 그 자체다. 별거 아니라고 생각할 수 있지만 사실 굉장히 큰 차이가 있다. 지금까지 검토한 프로젝트의 투자 대상에 보면 첫 번째 프로젝트 'PF대출', 두 번째 프로젝트 'PF 기초 사모사채', 세 번째 프로젝트 'PF 대출채권'이라고 적혀 있는데 의미 없이 구분해 놓은 게 아니라 기초자산 자체가 달라지면 전혀 다른 딜이 된다. 우리가 투자하는 게 프로젝트의 PF대출이 아니라

PF대출채권 그 자체인 것으로 만약 지금 이게 별로 중요하게 느껴지지 않는다면 나중에 복잡한 딜이 들어왔을 때 이해를 못하게 될 수도 있고 문제없이 지나갔다 해도 계약서를 정확하게 작성하지 못해 운용 중에 사고가 날 수 있으니 이런 부분도 하나하나 신경 써서 보는 게 좋다.

다음으로 목표 수익률이다. 이 프로젝트는 이미 본PF 대출이 나가면서 이해관계인 간 대출약정 등 모든 계약이 체결이 되어있는 상태고, 펀드(양수인)는 기존에 체결된 조건으로 기존 대주(양도인)와 자산양수도계약서를 통해 대출채권을 그대로 가져오게 된다. 셀다운을 받을 때 펀드 입장에서는 이 때 한 번 확인해봐야 할 부분 중에 하나가 분할 상환 가능 여부이다. B시 PF 기초 사모사채 투자를 했을 때와 마찬가지로 분할상환이 가능하게 계약이 되어 있는지 확인해보고 만약 그렇게 되어 있다면 B시 때와 마찬가지로 분할상환 될 경우 목표수익률을 달성하지 못할 수도 있다는 내용을 넣어줘야 한다.

①-2. 펀드구조

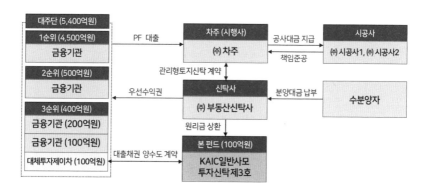

이제 구조도를 이해하는 데 큰 어려움이 없을 거라 생각한다. 참고로 두번째 검토했던 사모사채 투자방식도 셀다운 방식이었으나 이번 양수도 방식과 다른 점은 기표 후 본 펀드가 대출채권을 양수받으면서 본 펀드가 대체투자제이차 자리에 들어가고 3순위 공동 우선수익권자가 된다는 점이다.

① 펀드개요 → ② **대출개요** → ③ 투자대상 분석 → ④ 위험고지

②-1. 대출개요

구 분	내 용		
차 주	㈜차주		
Tranche	1순위	2순위	3순위
대출 금액	4,500억 원 (일시 2,500억, 한도 2,000억)	500억 원(일시)	400억 원(일시)
대출 이자	연 4.5%	연 5.5%	연 6.5%
취급수수료	2.0%	3.0%	4.5%
이자지급방법	3개월 선취	3개월 선취	3개월 선취
LTV	45.0%	50.0%	54.0%
Exit 분양률	61.0%	66.3%	70.6%
대 주	금융기관	금융기관	금융기관 및 대체투자제이차
대출 기표일	2019년 00월 00일		
대출 만기일	2021년 00월 00일(대출 실행일로부터 약 20개월)		
연체 이자	정상이자 + 연 3%		

원금상환방법	만기 일시 상환			
조기상환 가능여부	가능			
조기상환 수수료	조기상환금액의 1.0%(단, 분양수입금 및 준공 후 담보대출로 상환 시 조기상환수수료 없음)			
주요 채권보전조치	① 관리형 토지신탁 우선수익권 ② 준공 후 대출잔액이 있는 경우 잔액에 해당하는 미분양물건 　　담보신탁 우선수익권 ③ 공동시공사 책임준공 및 미이행 시 중첩적 채무인수 　　– 최초 인출일로부터 [00]개월 내 책임준공(2022. 00. 00. / 사 　　　용승인, 임시사용승인 제외) ④ 시행사 대표이사 연대보증 ⑤ 시행사 주식에 대한 근질권 설정계약 체결 및 대출금입금계좌 　　근질권 설정 ⑥ 시공사 시공권 포기각서 및 유치권 포기각서 징구 ⑦ 최초 도급공사비의 5% 및 증액공사비는 대출원리금 상환 후 지급			

분양수입금 배분	구분	분양률 45% 이하 분양분		분양률 45% 초과 분양분	
		대출금상환	사업비	대출금상환	사업비
	준공 전	40%	60%	90%	10%
	준공 후	100%	0%	100%	0%

할인분양	기 간	분양개시 후			
		+ 4M	+ 12M	+ 18M	+ 24 M
	목표 분양률	30%	30%	30%	65%
	할인율	3%	3%	3%	15%
	패널티 수수료율	0.5%	0.5%	0.5%	0.50%

할인분양	– 최초 분양개시일로부터 상기의 기간까지 목표분양률 미달 시, 대주 및 시공사의 협의에 따라 할인분양 또는 분양촉진책을 실시하고, 대출약정금액에 상기의 패널티수수료율을 곱한 수수료를 패널티수수료로 누적하여 지급할 것 – 수수료는 공사비 지급완료(증액공사비 제외) 후 수취하며 5, 6, 7순위 우선수익권 설정 ※ 할인분양 시, 최초분양가 기준으로 할인 ※ 분양율 정의 1) 분양계약서상 중도금 1회차 납입기일 이전: 계약금(분양대금의 10%) 납입자 2) 분양계약서상 중도금 1회차 납입기일 이후: 중도금 1회차 이상 납입자
우선수익권의 순위	1순위: 선순위 대주(대출금의 120% 설정) 2순위: 중순위 대주(대출금의 120% 설정) 3순위: 후순위 대주(대출금의 120% 설정) 4순위: 공사비(최초공사비의 120% 설정) 5순위: 선순위 분양 Trigger 수수료(수수료 금액의 120% 설정) 6순위: 중순위 분양 Trigger 수수료(수수료 금액의 120% 설정) 7순위: 후순위 분양 Trigger 수수료(수수료 금액의 120% 설정) 8순위: 공사비(공사비 연체이자 및 추가공사비, 우선수익권금액 최초공사비의 50% 설정)

여기서 재밌는 부분을 확인할 수 있다. 3순위의 취급수수료가 4.5% 인데, 위에 Term-Sheet에서 양도인이 펀드에게 주는 취급수수료 2.0%라는 점이다. 2.0%면 셀다운에서는 상당히 많은 수수료를 주는 편인데, 증권사에서 이렇게 제안한 이유는 이 프로젝트의 경우 프로젝트를 제안했을 당시 분양개시 후 1년이 됐음에도 불구하고 간신히 1순위 Exit분양률을 달성한 상태였기 때문이다. 시간이 충분히 지났음에도 분양률이 올라오지 못한 프로젝트이기 때문에 보통 검토를 안 하

는데 이 프로젝트의 경우 사업장이 경기도 쪽이지만 서울과의 접근성이 좋고, 분양도 아직은 부족하지만 꾸준히 올라오고 있는 상태고, 수수료도 적지 않아서 상품성 있는 프로젝트라고 판단했다. 참고로 실제 펀드제안서에는 운용사 내부 심사 때 증권사가 대출취급수수료로 4.5%를 받았는데 왜 우리한테 2.0% 밖에 안 주냐는 등 무의미한 질문들이 나올 수 있으니 펀드제안서에서 대출개요를 만들 때 취급수수료 부분은 삭제하는 게 좋다. 사실 수수료를 더 달라는 요청이 무의미하다고 말할 정도는 아니지만, 실무를 하는 입장에서 증권사가 받은 수수료를 더 받아내기도 쉽지 않은 게 당연하고 관계에 있어서 문제만 생길 수 있으니 차라리 말하지 않는 게 낫다. 필자는 이번 프로젝트가 다가 아니기 때문에 좋은 관계를 유지하며 많은 딜을 제안받고 좋은 상품을 여러 개 찍는 게 더 좋은 전략이라고 생각한다.

주요 채권보전조치에 다양한 내용이 있는데 펀드는 기존에 체결된 계약내용을 그대로 양수받게 된다. 다만 여기서 하나 알고 넘어가면 좋은 건 채권보전조치 7번에 도급공사비의 5%를 유보부분이다. 공사를 진행하면서 시공사는 전체 공사대금의 95%를 받고, 1~3순위 우선수익자인 대주단의 원리금이 전액 상환된 다음 4순위 우선수익권자로 유보공사비 5%를 받을 수 있다. 이 5%는 우선수익권 순위에서 4순위에 적혀있는 내용으로 최초공사비의 120%까지 잡아두었으나, 실제 관리형토지신탁계약서를 보면 "5%를 한도로 한다."와 같은 문구가 들어가 있다. 유보공사비와 우선수익권에 대한 내용은 앞에 1부 중 부동산신탁에서 한 번 이야기했는데, 실무에서 이렇게 표현되니 우선수익권의 순서 부분을 꼼꼼히 읽어보고 기억해두면 좋을 것 같다. 참고로 만약에 공사가 지연되어 발생한 연체이자나 설계변경 등으로 추가공사비가 발생할 경우 이 금액을 받기 위해 시공사는 추가로 8순위 우선수익권을 설정한다.

②-2. 대출채권 양수도 관련 사항

구 분	내 용
양도자	대체투자제이차(SPC)
양수자	본 펀드의 신탁업자
양수 수수료	대출채권 원금(100억 원)의 2.0%(양도자가 양수자에게 지급)
양수도 예정일	2020년 00월 00일(예정)
채권보전조치	관리형토지신탁 우선수익권 등 본건 PF대출과 관련하여 양도자가 보유 중인 권리 일체 이전

이 부분이 우리 펀드와 관련된 내용이다. 기존에 체결된 계약서상 권리를 그대로 가져오는 거라 ②-1. 대출개요에 있는 내용이 펀드의 채권보전조치라고 보면 된다. 여기서는 양수자 부분에 본 펀드의 신탁업자라고 적어놓은 부분만 주의 깊게 보고 지나가면 될 것 같다.

① 펀드개요 → ② 대출개요 → ③ **투자대상 분석** → ④ 위험고지

③-1. 상환가능성 분석

(단위: 억 원)

대출금	선순위	중순위	후순위	합 계
분양대금	4,500	500	400	5,400

구 분	지식산업센터	기숙사	근생시설	매출액 총액
분양대금	5,000	1,000	4,000	10,000
비 율	50%	10%	40%	100%

비 율	계약금	중도금	잔 금
지식산업센터	10%	50%	40%
기숙사	10%	50%	40%
상 가	10%	40%	50%

(단위: 억 원)

분양률	전체 분양 금액	미분양 금액	상환 재원 합계	대출 잔액	잔여 대출금 LTV			비 고
					1순위	2순위	3순위	
0.0%	–	10,000	–	5,400	45.0%	50.0%	54.0%	
10.0%	1,000	9,000	664	4,736	42.6%	48.2%	52.6%	
20.0%	2,000	8,000	1,328	4,072	39.7%	45.9%	50.9%	
30.0%	3,000	7,000	1,992	3,408	35.8%	43.0%	48.7%	
40.0%	4,000	6,000	2,656	2,744	30.7%	39.1%	45.7%	
45.0%	4,500	5,500	2,988	2,412	27.5%	36.6%	43.9%	
50.0%	5,000	5,000	3,460	1,940	20.8%	30.8%	38.8%	
60.0%	6,000	4,000	4,404	996	2.4%	14.9%	24.9%	
61.0%	6,102	3,898	4,500	900	0.0%	12.8%	23.1%	Tr.A Exit
66.3%	6,631	3,369	5,000	400	–	0.0%	11.9%	Tr.B Exit
70.0%	7,000	3,000	5,348	52	–	–	1.7%	
70.6%	7,055	2,945	5,400	–	–	–	0.0%	Tr.C Exit

80.0%	8,000	2,000	6,292	–	–	–	–	
90.0%	9,000	1,000	7,236	–	–	–	–	
100.0%	10,000	–	8,180	–	–	–	–	

이 펀드의 상환가능성 분석이다. 계산방법에 대해서는 앞에서 계속 공부했으니 이제 어떤 방식으로 계산해야 하는지 알 거라고 생각한다. 다만, 이 시설에는 지산, 기숙사, 상가가 들어가있는데 각각 계약금, 중도금, 잔금 비율이 다르고 적립비율을 45% 기준으로 한 번 더 나눠야 해서 계산하기가 번거로운 편이다. 특별히 이번 장에서는 직접 계산해 볼 수 있게 필요한 값들과 양식을 만들어두었다. 엑셀로 이 숫자들을 다 채워 넣을 수 있을 정도 실력이면 실무에서 상환가능성분석은 전혀 문제가 없을 것이다. 마지막 표에 적혀있는 숫자는 필자가 위에 숫자들로 계산한 숫자인데 똑같이 나오면 제대로 계산한 거다. 참고로 분양대금은 계산의 편의를 위해 적당히 넣은 숫자다. 그리고 이 계산을 위해 한 가지 주의할 점은 지산, 기숙사, 근생이 현실에서 분양률이 똑같이 올라오지는 않지만 계산의 편의를 위해 똑같이 올라온다고 가정하고 계산해야 저 숫자가 나온다. 이 말은 분양률 80%면 지산, 기숙사, 상가가 모두 80% 올라왔다고 가정하고 계산해야 한다. 이렇게 수식으로 표를 다 만든 이후에 상가 같은 경우 실제 분양률 기준으로 값을 고정해놓고 Exit분양률을 계산해 보는 등 필요에 맞게 자료를 만들면 된다. 위의 계산이 번거로워서 그렇지 단순계산으로 함수의 경우 Sum과 If만 사용했다.

① 펀드개요 → ② 대출개요 → ③ 투자대상 분석 → ④ 위험고지

④-1. 고유위험

위험 구분	위험의 주요내용
담보 확보 관련 위험	본 투자신탁은 본건 사업 관리형토지신탁의 3순위 및 7순위 우선수익권을 설정 받는 방식으로 담보를 확보할 예정임. 이 경우 선순위 우선수익권을 확보하는 것보다 담보권 행사가 제한적일 수 있음.
시행사 관련 위험	본건 사업은 시공사의 책임준공 및 관리형토지신탁 구조로 진행되는 사업으로, 시행사의 파산, 부도 등의 시행사 관련 위험을 통제할 예정이나, 시행사의 신용위험 발생 시 사업 진행에 차질이 발생할 수 있음.
입주 지연 및 미입주 위험	본건 사업은 공사지연 또는 예상치 못한 사유로 입주가 지연되거나, 최악의 경우 대규모 미입주 또는 분양계약 해지가 발생할 수 있으며, 이 경우 본 투자신탁의 상환 지연, 목표수익률 미달 혹은 원금손실이 발생할 수 있음.
상환 위험	본건 후순위 PF 대출은 선·중순위 PF 대출보다 더 큰 위험에 노출되며, 분양대금 등으로 상환받을 예정으로, 상환예정일까지 분양이 부진하거나 미분양분 담보대출 등이 이루어지지 못할 경우 상환 지연, 목표수익률 미달 혹은 투자신탁의 원금손실이 발생할 수 있음.
인허가 위험	본건 사업과 관련하여 사용승인 등의 인허가 위험이 존재함.
준공 위험	본건 사업은 공동 시공사인 ㈜시공사1, ㈜시공사2가 책임준공확약하는 사업이나, 시공사의 부도 등 예상치 못한 사유로 인해 준공이 지연되거나 준공이 되지 않을 위험이 존재함.
채무불이행 위험	본 투자신탁은 지식산업센터 및 근린생활시설 개발사업의 PF 대출채권에 투자하므로, 부동산 경기 악화, 경제상황의 변동 등 예상치 못한 사유로 인해 채무불이행이 발생할 수 있으며, 이 경우 본 투자신탁의 상환 지연, 목표수익률 미달 혹은 원금손실이 발생할 수 있음.

[계약서 검토]

셀다운에서는 PF와 다른 계약서들이 들어가서 참고하면 좋을 것 같아 추가로 설명을 남겨두었다. 자산양수도계약서도 일을 하다 보면 생각보다 많이 접하게 되는 계약서이니 인터넷에 한번 찾아보고 읽어보면 도움이 될 것이다.

[계약서 검토]

① 기본계약서: 자산양수도계약서

양도인과 양수인은 대출채권양수도계약서(자산양수도계약서)를 체결하고 양도인은 다른 대주단 및 시공사, 대리금융기관, 차주 그리고 연대보증인에게 대출채권을 양도했다는 확정일자가 들어간 양도통지서를 내용증명으로 보내게 된다. 이 다음으로 양수인은 부동산신탁사로부터 정상적으로 대출채권을 양수받았음을 증명해주는 우선수익권양도동의서와 우선수익권증서를 받는 방식으로 프로젝트에 참여하게 된다.

② 담보 관련 계약서: 관리형토지신탁변경계약서(n차 변경)

대출채권 양수도란 기존의 대주가 가지고 있는 대출채권을 새로운 대주에게 양도해주는 방식이다. 그런데 이 방식에는 문제가 있는데 바로 번거롭다는 점이다. 우선 대출채권을 양도하면 기존 투자자에서 새로운 대주로 대주 자체가 바뀌기 때문에 관리형토지신탁 변경계약서를 작성해야 한다. 이 변경계약서에는 모든 대주단/위탁자/시공사/대리금융기관의 간인이 필요하다. 이 말은 대주단 중 어떤 대주가 셀다운을 해서 대주가 바뀌게 되면 다른 대주단은 본인들과 상관없는 일인데 다 같이 모여서 또는 주간사에서 대주단을 방문하여 도장을 다 찍어야 한다는 의미다. 그렇기 때문에 대출채권 셀다운이 자주 있으면 날인의 당사자들 특히 돈을 빌린 차주 입장에서 짜증나는 일이 계속 생기게 된다. 이때 대부분의 경우 회람이라고 하여 계약서를 A회사에서 B회사로, B회사에서 C회사로 우편퀵으로 빠르게 도장을 찍어서 보내거나 주간사에서 직접 회사를 다 방문해 도장을 받기도 한다.

여기까지 부동산 관련 주요 상품에 대한 이야기를 끝내고, 다음으로 유동화대출 상품에 대한 이야기를 해보려고 한다.

2장

유동화 대출(ABL: Asset Backed Loan)

유동화에는 수많은 종류가 있는데 실무에서 가장 많이 접하게 될 유동화 대출에는 시행이익유동화, 유보공사비유동화, 장래 매출채권유동화, 확정매출채권유동화 등으로 미래에 예상되는 수익 또는 확정된 수익을 기초자산으로 대출을 받는 상품이다. 이 상품들 각각의 특징을 설명하면 시행이익유동화는 시행사가 나중에 사업이 끝난 뒤 정산받게 되는 시행사의 이익을 담보로 하는 대출, 유보공사 비유동화는 시공사가 나중에 받게 될 유보공사비를 담보로 하는 대 출, 장래매출채권유동화는 차주가 미래에 발생할 것으로 예상되는 수 익을 담보로 하는 대출, 확정매출채권유동화는 차주가 미래에 받기로 확정되어 있는 수익을 담보로 하는 대출을 의미한다. 유동화 대출은 위의 4가지 예시를 보면 느낌이 오겠지만 기초자산을 가지고 말을 붙 이기 나름이라 다양한 종류의 상품이 있다.

이번 2장에서는 운용사에 있으면서 가장 많이 보는 프로젝트인 시행이익

유동화와 장래매출채권유동화 구조에 대해서 공부를 해보겠다. 유보공사비 유동화, 확정매출채권유동화는 이 책에서 다루지 않겠지만, 앞에 두 프로 젝트의 흐름을 이해하면 실무에서 어렵지 않게 풀어낼 수 있을 것이다.

[네 번째 프로젝트]
D시 공동주택 개발사업 시행이익유동화 대출

시행이익유동화 대출은 말 그대로 시행사가 향후 가져갈 시행이익을 담보로 대출해주는 펀드를 의미한다. 실무에서 시행이익유동화 펀드를 검토할 때는 셀다운과는 다르게 Exit분양률 달성만으로는 부족하고, 분양률 100% 완료된 사업장들이 검토 대상이 된다. 그 이유는 시행이익유동화에서 우리의 상환재원은 단순히 분양수입금이 아닌 분양수입에서 각종 비용을 제외하고 남은 금액이기 때문에 잔금이 일부 미납되거나 또는 일부 세대에서 분양계약 취소가 나오거나 또는 공사비 증액이 된다면 심각한 경우 바로 상환재원 마련이 안 될 수 있기 때문이다. 실제로 이 시행이익유동화 딜은 리스크가 높아 투자하는 회사들만 보는 유형으로 검토하는 운용사가 많지 않다.

프로젝트 소개에 앞서 맛보기겸 필자가 검토했던 시행이익유동화 프로젝트 중에 아쉬웠던 딜을 하나 이야기해보려 한다. 한 증권사 IB에서 분양이 100% 다 된 사업장에 대한 시행이익유동화 대출 딜을 가져왔다. 그런데 특이했던 점은 뒤에서 배우겠지만 보통 시행사 수익권에 근질권을 설정하여 채권보전방안을 마련하는데, 이 딜의 경우 관리형 토지신탁 2순위 우선수익권을 설정해주겠다고 해서 오타가 아닌지 IB 에 물어보니 2순위 우선수익권을 주는 게 맞다고 했다. 금리와 수수료도 좋고, LTV도 30%대인 괜찮은 딜이어서 펀드제안서를 만들어 한 법인에 테핑했는데 그 법인에서 전액 투자하겠다고 연락이 왔다. 바로 결정된 건 아니고 투자자 쪽 경영진이 시공사가 이 사업장 외에 연대보증한 사업장이 많다는 이유로 드랍이 됐던 걸 담당자님이 겨우 설득해 살린 거라고 했다. '오랜만에 빠르게 클로징을 하게 되겠네.'라고 생각하고 천천히 자료를 검토하던 중 부동산신탁사로부터 이상한 이야기를 듣게 되었다. 2순위 우선수익권 설정이 불가능하다는 것이다. 이유를 들어보니 이미 2순위 우선수익권을 중도금 대출기관이 잡고 있다고 했다. 주간사에서 잡을 수 있다고 했는데 왜 이야기가 달라진 건지 알아보니, 주간사 담당자분이 사실 확인을 안 해보고 당연히 될 줄 알았다고 이야기를 했다. IB에서도 당황하여 중도금 대출기관을 3순위로 미뤄 줄 수 있겠냐고 문의했지만 당연히 말이 안 되는 이야기였고, 그렇다고 다시 수익권에 근질권을 잡는 방식으로 할 수 없는 게 투자자 쪽 심사에서는 2순위 우선수익권을 잡는 걸로 심사를 통과시켜 둔 상태라 이제 와서 다시 구조를 바꾸는 것도 불가능했다. 그렇게 투자자까지 다 구해놓은 딜을 날렸던 적이 한 번 있었는데, 평소와 다른 구조는 더 정확하게 확인해보고 딜을 진행해야겠다는 교훈을 얻었던 사건이었다. 지금 이 스토리를 읽으면서 가장 이해가 안 가는 부분이 우선수익권과 수익권 그리고 수익권 근질권일 것이다. 이 부분은 앞에 1부 펀드 전체 구조 중 부동산신탁 부분을 이해한 분들은 어느 정도 느낌이 올 텐데, 기억이 안 나더라고 여기서 프로젝트와 함께 다시 한번 자세히 설명할 예정이니 걱정하지 않아도 된다.

[Term-Sheet]

구 분	내 용
프로젝트명	D시 공동주택 개발사업 시행이익유동화 대출
대출금액	40억 원
대출기간	12개월
금 리	연 7%
취급수수료	1.3%
차 주	㈜차주
이자지급방법	전기간 선취
조기상환 가능여부	가능(조기상환 수수료 없음)
채권보전방안	① 차주 관리형토지신탁 수익권에 대한 4순위 근질권 설정 ② 차주 대표이사 연대보증

이번 프로젝트는 D시에 있는 공동주택을 개발하는 건이다. 이 프로젝트는 이미 분양률 100%를 달성한 상태고 차주가 다른 사업장 토지계약금을 급하게 마련해야 해서 취급수수료까지 붙은 상황이라 시행이익유동화 대출 중 괜찮은 편에 속한다고 할 수 있다. 조기상환수수료가 없는 부분은 대출기간을 여유 있게 12개월로 잡고 준공 후 차주가 언제든지 상환할 수 있게 열어둔 것이다. 이 사업의 한 가지 특이한 점이자 문제점은 수익권에 4순위 근질권 설정으로 검토 당시 4순위를

보고 수익권 근질권 중에서도 4순위면 LTV가 얼마나 높으려나 걱정을 했었다. 이 부분에 따라 이 프로젝트 진행 여부가 결정될 텐데 이는 뒤에서 자세히 보겠다.

본격적인 펀드제안서 작업에 앞서 이 프로젝트 역시 진행 가능한 딜인지 확인해봐야 하는데, 그 전에 필자가 실제 시행이익유동화 딜을 판매사에 제안했을 때 미팅에서 받았던 질문을 정리해보려고 한다. PF대출의 경우 워낙 다양한 케이스들이 많아서 정리하기 힘들지만, 시행이익유동화의 경우 가장 먼저 확인해봐야 하는 핵심 리스크가 정해져 있으니 아래 내용을 파악하고 미팅에 가면 좋다.

1. 공사비 증액 여부

시행이익유동화 대출은 시행사가 가져갈 수익금을 담보로 하는 대출인데, 시행사보다 시공사가 먼저 공사비를 받아가기 때문에 공사비가 증액이 될 경우 시행사가 가져갈 수익금이 줄어들어서 시행이익유동화 대출의 상환재원이 줄어들게 되는 위험이 존재한다. 사업비 정산의 상환 순서는 아래와 같다.

우선 대주단의 대출금을 상환해주고 그다음 시공사가 유보공사비를 가져가고 마지막으로 남은 사업이익을 시행사에서 다 가져가게 된다. 증액공사비의 경우 많으면 5% 정도 늘어날 수 있다고 생각하면 되는데, 만약 상환재원이 넉넉한 상황이라면 펀드제안서에 공사비 증액이 됐을 경우를 가정한 상환재원 분석을 넣어주면 좋다. 그리고 시행이익 유동화 딜을 검토할 때는 반드시 도급변경계약서가 있는지 체크하고, 변경된 금액이 사업수지에 반영이 되어있는지 꼭 확인해야 한다.

2. 중도금 납부 현황

분양을 시작하자마자 단기간에 분양률이 100%가 되는 사업장들이 종종 있다. 이런 경우 시행사는 빨리 시행이익유동화를 해서 다른 사업을 하려 하는데, 이런 완전 초기 시행이익유동화는 위험하다. 필자의 경우 시행이익유동화 대출인데 분양률 100%에 계약금만 들어왔고 중도금 1차 전으로 입주(잔금납부일)일이 30개월 남은 프로젝트를 봤다. 그런데 이런 프로젝트들은 일단 기다렸다가 중도금 납부 현황을 먼저 파악해봐야 한다. 사업 초기라 계약금만 들어온 사업장의 경우 계약해지가 발생해 분양수입금이 갑자기 줄어드는 경우가 생길 수 있는데, 중도금이 납부되면 일방적인 계약해지가 불가능해져서 갑자기 분양률이 줄어드는 문제가 생길 확률이 낮아진다. 또는 수분양자 중에 중도금 대출자격요건이 안 되서 중도금 대출을 못 받아 계약이 파기되는 경우도 종종 있는데 이런 위험이 다 제거된 상태에서 프로젝트를 진행해야 한다.

[펀드제안서(IM)]

① **펀드 개요** → ② **대출개요** → ③ **투자대상 분석** → ④ **위험고지**

①-1. 펀드 개요

구 분	내 용
펀드명	KAIC일반사모투자신탁제4호
펀드유형	일반 사모집합투자기구 / 사모형 / 단위형 / 폐쇄형
위험등급	1등급(매우 높은 위험)
투자대상	D시 공동주택 신축사업 시행이익 유동화 대출
모집금액	40억 원(예정)
펀드설정일	2020년 00월 00일(예정)
펀드만기일	2021년 00월 00일(운용기간: 약 13개월 / 대출기간: 약 12개월) (※ 투자자금 전액 회수 시 펀드 조기 청산 가능)
목표수익률	연 [T.B.D]% 수준(보수 및 제비용 차감 후, 세전)
이익분배	매 12개월(※ 단, 회계기간 중 임의결산을 통해 중간 이익분배 가능)
환매가능여부	환매 불가
투자자격	다음 중 어느 하나에 해당하는 적격투자자 ① 전문투자자로서 자본시장법 시행령 제271조 제1항에서 정하는 투자자 ② 금 1억 원 이상을 투자하는 개인 또는 법인, 그 밖의 단체
선취판매수수료	납입금액의 [T.B.D]%

총보수	총 기본보수	원본액의 연 [T.B.D]%
	운용보수	원본액의 연 [T.B.D]%
	판매보수	원본액의 연 [T.B.D]%
	신탁보수	원본액의 연 [T.B.D]%
	사무관리보수	원본액의 연 [T.B.D]%

①-2. 펀드구조

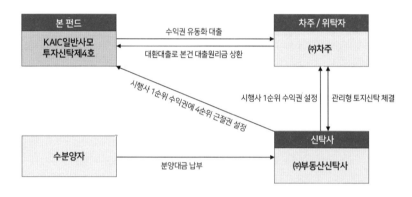

여기서 우리의 담보인 수익권 근질권에 대한 설명을 하려고한다. 구조도에서 현재 부동산신탁사와 차주는 관리형토지신탁 계약을 체결하면서 부동산신탁사는 차주에게 1순위 수익권을 준다. 우리 펀드는 이 차주가 가지고 있는 1순위 수익권에 근질권을 설정하는데, 여기서 문제는 4순위 근질권이라는 점이다. 이 말은 우리의 상환재원인 시행사의 시행이익을 우리보다 우선해서 가져가는 근질권자가 3명이 있다는 이야기로 위에 공사비 증액 부분에서 설명한 구조도에서 시행사 부분만 보면 아래와 같은 상황일 걸로 예상된다. 이 책 처음에도 강조했는데 우선수익권과 수익권을 구분 못 하면 이런 곳에서 막히게 된다.

중요한 건 이런 선순위 근질권자들 때문에 우리 펀드가 문제없이 상환될 수 있는 수준인가 계산해 봐야 하는데, 이는 뒤에 상환가능성 분석 부분에서 보겠다. 구조도 자체는 이해하는 데 큰 어려움이 없을 거라 생각한다. 하나 특이한 점은 차주의 상환방식이 대환대출로 상환한다고 되어있는데, 차주의 상환계획이라 적어두긴 하였으나 계획일 뿐 어떻게 될지 모르고, 실질적으로는 사업이 다 끝나고 우리가 담보로 잡고 있는 시행이익으로 상환받는다는 가정으로 프로젝트에 접근해야 한다. 대환대출이 중요한 건 아니라 지울까 고민했는데 펀드제안서 ② 대출개요와 ④ 위험고지에 이 내용이 어떻게 추가되는지 참고로 알고 있으면 좋을 것 같아서 그대로 넣어뒀다.

① 펀드개요 → ② **대출개요** → ③ 투자대상 분석 → ④ 위험고지

②-1. 대출개요

구 분	내 용
대 주	본 펀드의 신탁업자
차 주	㈜차주
대출 금액	40억 원
대출 기간	대출일로부터 12개월
대출 금리	연 7%

취급수수료	대출금액의 1.3%
자금조달목적	타 사업장 토지매입자금 등
이자지급방법	전 기간 이자 선취(조기상환시 일할 계산하여 환급)
원금상환방법	만기일시상환
연체 이자	정상이자 + 연 3%
조기상환 가능여부	가능(단, 조기상환시 전액일시상환만 가능)
조기상환수수료	없음
주요 채권보전조치	① 관리형토지신탁 차주 수익권에 대한 4순위 근질권 설정 ② 차주사 대표이사 연대보증
인출선행조건	수익권 근질권 설정에 대한 신탁사의 승낙서 징구
상환 방법	대환대출을 통해 본건 대출원리금 상환 예정

앞에 Term-Sheet의 내용과 크게 다르지 않다. 한 가지 주의할 점은 이자지급방법 부분인데, PF의 경우 이자비용이 프로젝트 사업수지에 잡혀있지만 시행이익유동화는 차주가 프로젝트와는 별도로 받는 대출이라서 프로젝트에서 발생하는 수익으로부터 이자를 받지 못하기 때문에 유동화 대출기간(대출실행일부터 만기까지)의 이자를 전액 대출금액에서 공제 후 차주에게 대출해준다. 그리고 만약 차주가 조기상환을 하면 공제한 금액에서 일할 계산하여 대출상환일부터 대출만기까지의 이자를 반환해주게 된다. 주간사는 공제되는 금액을 고려하여 차주에게 필요한 돈을 조달해 줄 수 있게 계산을 잘 해야 한다. 그동안 중요하다고 말했던 개념으로 설명하면, 만약 차주가 40억 원에 토지계약금을 치르려고 대출약정서상 체결한 투자금액이 40억 원인데, 판매금액을 40억 원으로 모집하고 공제이자가 3억 원이라면 차주는

37억 원을 받게 되고 토지계약금을 치르지 못하는 상황이 생긴다. 그렇기에 단순계산으로 판매금액을 43억 원 모집한다든가 다른 방법을 마련해야 하니 프로젝트를 제안받았을 때부터 미리 이런 부분을 생각하고 준비해야 한다.

그리고 여기에 차주의 자금조달목적이 타 사업장 토지매입자금이라고 되어있는데 시행사가 시행이익유동화 대출을 하는 대부분의 이유는 신규 프로젝트를 시작하기 위해 다른 사업장의 토지를 매입하려는데 돈이 없어서다. 여러 사업을 하는 차주의 경우 채권보전조치에 이 사업장 말고 다른 사업장들의 시행이익유동화나 건물은 첨담보로 걸기도 한다.

이 프로젝트의 중요한 점이 하나 더 있는데, 바로 인출선행조건인 수익권 근질권 설정에 대한 신탁사의 승낙서 징구다. 여기서 신탁사는 부동산신탁사를 의미하며 이 부분에 대해서는 두 번째 프로젝트 B시 주상복합 사업장에서와 마찬가지로 관리형토지신탁 제15조(수익권의 양도, 승계, 질권설정)에 따라 부동산신탁사의 승낙이 필요하기 때문이다.

②-2. 사업개요

사업개요는 사업장들에 대한 전체적인 소개를 하는 장표이기 때문에 첫 번째 프로젝트 이후로는 넘어갔는데, 시행이익 유동화에서는 중요한 포인트가 하나 더 있어서 이 부분에 대해 설명하려고 한다. 시행이익유동화에서는 시공사를 꼭 봐야 한다. 준공이 안 됐을 시 본PF프로젝트도 문제지만, 시행이익 유동화 딜에서는 치명적이다. 세 번째 프로젝트 C시 지식산업센터 프로젝트에서 나왔던 우선수익권의 순서를 요약해서 다시 한번 보겠다.

> 1순위: PF 대주(대출금의 120% 설정)
>
> 2순위: 공사비(최초공사비의 120% 설정)
>
> 3순위: PF 대주 분양 Trigger 수수료(수수료 금액의 120% 설정)
>
> 4순위: 공사비(공사비 연체이자 및 추가공사비, 우선수익권금액 최초공
> 사비의 [50]% 설정)

앞에 주요 체크사항에서 공사비 증액 여부 부분과 마찬가지로 만약 시공사가 부도가 나서 교체를 하면 공사가 지연되며 추가공사비(증액공사비)가 발생할 뿐만 아니라 금융비용 등 전체 사업비용 자체가 늘어날 수 있다. 우리의 상환재원은 이런 비용을 다 제외하고 남은 시행사의 시행이익인데 한 번 공사가 지연되면 시행이익이 줄어들고, 이는 상환재원에 크게 영향을 미친다.

다음으로는 사업진행 일정이다. 프로젝트마다 다르지만, 시행이익유동화는 대부분 딜이 준공까지 몇 개월 남겨두지 않은 경우들이 많다. 대략적인 일정에 대해서는 실제 계획한 준공 일정을 보고 판단해야 하며, 만약 기간이 2~3개월 남은 프로젝트라고 하면 펀드 4대보수의 수익이 너무 떨어져서 상품화하기 힘들다고 생각하면 된다. 프로젝트마다 중요하게 봐야 하는 포인트들이 다른데, 이 부분을 기르기 위해서는 일단 이 책에 나온 내용은 완벽하게 숙지하여 기본기를 잡고, 다양한 딜을 검토하여 감을 잡는 방법 밖에 없다.

① 펀드개요 → ② 대출개요 → ③ **투자대상 분석** → ④ 위험고지

③-1. 상환가능성 분석

구 분	금액(억 원)	비 고
분양수입(A)	2,000	공동주택 분양율 100%, 상가 분양율 0% 기준
사업비(B)	1,500	
시행사 Equity(C)	30	
상환재원 (D=A-B+C)	**530**	**본건 대출의 상환재원**
선순위 근질권자(E)	150	1~3순위 근질권자
본건 대출금(F)	40	
LTV(G=(E+F)/D)	35.85%	**상환재원 대비**

　시행이익 유동화 대출은 앞에 PF 대출 사업의 민감도 분석 또는 상환가능성 분석들과는 다르게, 프로젝트 사업수지상 이미 계산이 다 되어있는 시행이익을 가지고 계산하면 되서 훨씬 쉽다. 여기에 들어가는 내용은 사업수지상 분양수입에서 사업비를 제외한 시행이익에다가 중요한 점이 시행사의 Equity를 더해줘야 한다는 점이다. 시행사 Equity는 시행사가 사업초기에 이 사업부지를 매입하기 위해 마련한 시행사의 자기자본으로 사업이 끝난 뒤에 회수하는데 우리 펀드의 상환재원에 이 시행사의 자기자본도 포함된다. 이 부분 때문에 필자는 처음 펀드제안서를 만들 때 '시행이익 유동화가 아니라 수익권 유동화가 맞는 표현이 아닐까?'라고 고민도 했었는데, 크게 중요한 부분도 아니고 업계에서 시행이익 유동화라고 많이 쓰니 넘어갔다. 또 다른 고민했던 부분은 LTV라는 표현이 적합한가에 대해서도 이야기를 했는데, 이 역시 LTV로 적

어도 의미를 이해하는 데 문제가 없어서 LTV로 넣어 펀드제안서를 만들었다. 중요한 부분은 아니지만 나중에 펀드제안서를 만들다보면 표현에 대해 같은 고민을 하게 될 것 같아서 이야기해봤다.

이 프로젝트의 문제는 프로젝트 초반에 말했듯이 선순위(1~3순위) 수익권 근질권자였는데 다행히 1~3순위 근질권자의 금액이 적어서 본 펀드까지의 LTV가 높지 않았기에 펀드를 설정할 수 있었다. 상가까지 100% 분양됐을 경우의 LTV를 넣었으면 숫자가 작아져서 훨씬 안전해 보였겠지만, 실제로 이 프로젝트의 경우 상가 분양이 안 되고 있었던 상황이었고 상가를 빼고 계산을 해도 상환재원이 넉넉한 상황이라 제외한 숫자로 계산하여 넣었는데 펀드제안서를 만들 때는 이렇게 보수적으로 보여주는 게 좋다.

① 펀드개요 → ② 대출개요 → ③ 투자대상 분석 → ④ **위험고지**

위험 구분	위험의 주요내용
입주 지연 및 미입주 위험	본건 사업은 공사지연 또는 예상치 못한 사유로 입주가 지연되거나, 최악의 경우 대규모 미입주 또는 분양계약 해지가 발생할 수 있으며, 이 경우 본건 대출의 담보가치가 하락할 수 있고, 본 투자신탁의 투자원본의 일부 또는 전부에 대한 손실이 발생할 수 있음.
상환 위험	본건 대출은 공동주택 개발사업의 시행이익 유동화 대출로 PF 대출보다 더 큰 위험에 노출되며, 대환대출을 통해 상환받을 예정으로, 상환예정일까지 대환대출이 이루어지지 못할 경우 본 투자신탁의 상환 지연, 목표수익률 미달 혹은 원금손실이 발생할 수 있음.
인허가 위험	본건 사업과 관련하여 사용승인 등의 인허가 위험이 존재함.

준공 위험	본건 사업은 시공사인 ㈜시공사가 책임준공확약하는 사업이나, 시공사의 부도 등 예상치 못한 사유로 인해 사업계획 일정대로 준공이 되지 않을 위험이 존재함.
담보 확보 관련 위험	본 투자신탁은 본건 대출과 관련하여 차주사가 보유한 관리형토지신탁의 수익권에 근질권을 설정하는 방식으로 담보를 확보할 예정임. 이 경우, 직접 우선수익권 또는 수익권을 확보하는 것보다 담보권 행사가 제한적일 수 있음.
채무불이행 위험	본 투자신탁은 공동주택 개발사업의 시행사 시행이익 유동화 대출에 투자하므로, 부동산 경기 악화, 경제상황의 변동 등 예상치 못한 사유로 인해 채무불이행이 발생할 수 있으며, 이 경우 본 펀드의 투자원본의 일부 또는 전부에 대한 손실이 발생할 수 있음.

[계약서 검토]

유동화 대출에서는 실제로 체결할 계약서들이 많지 않기 때문에 기존 대출약정서 등 이미 체결된 계약서들을 꼼꼼하게 확인하는 게 더 중요하다. 아래는 잊지 않고 챙겨야 하는 계약서들을 정리해 두었다.

[계약서 검토]
① 기본계약서: 대출약정서
시행이익 유동화 대출도 PF와 마찬가지로 대주(본 펀드의 신탁업자)와 차주(시행사) 간의 대출약정서를 체결한다. 내용도 똑같이 대주와 차주 간의 계약이고 이자지급의 방법, 상환 방법, 담보의 제공 등이 들어간다. 다른 투자 건과 마찬가지로 계약서를 검토할 때는 펀드제안서에 있는 내용이 계약서에 빠져있는지 확인하는 게 가장 중요하다.
② 담보 관련 계약서: 수익권근질권설정계약서
이 프로젝트의 가장 중요한 채권보전방안과 관련된 계약서다. 앞에서 설명한 것처럼 차주가 가지고 있는 수익권에 근질권을 설정하는 것으로, 차주는 근질권설정자로서 그리고 대주는 근질권자로서 계약을 체결하게 된다.

③ 담보 관련 계약서: 근질권설정 등의 통지 및 승낙서
이는 앞에서 인출선행조건에 있는 관리형토지신탁 제15조(수익권의 양도, 승계, 질권설정)에 따라 꼭 받아야 하는 서류니 잘 챙겨야 한다. 그리고 여기에 확정일자까지 받아야 한다.

[다섯 번째 프로젝트]
시공사 장래매출채권 유동화(사모사채 투자방식)

이번에 공부하는 장래매출채권 유동화는 시공사에 대한 대출이긴 하지만 부동산이 메인이 아니고, 담보도 앞에 4개의 프로젝트와 다르고 구조도 까다로워서 바로 이해하기 어려울 수 있다. 그렇기에 실무에서 실제 이 딜을 들어도 이해 못 하는 사람이 있을 정도지만 그만큼 이 구조와 리스크를 알고 있는 사람과 모르는 사람의 차이는 너무 명확하기 때문에 알고 있으면 도움이 된다고 할 수 있다. 매니저면 똑똑한 사람들일텐데 프로젝트를 이해를 못한다는 건 과장이라고 생각할 수도 있지만, 실제 이 프로젝트가 다른 운용사 2곳에 먼저 접수가 됐는데 한 곳은 프로젝트의 포인트를 이해 못해서 펀드제안서조차 만들지 못했고, 다른 한 곳은 판매사 상품심의 때 이해를 못한 상태에서 들어갔다가 혼나고 운용사 자체가 드랍되서 다음으로 우리한테 이 딜이 들어오게 됐다. 이렇게 이야기해서 너무 어려운 거 아닌가 생각할 수 있지만 그렇다고 너

무 걱정할 필요는 없다. 필자도 당연히 처음에 이해를 못했고, 처음 보는 부분에서 같은 고민을 했기 때문에 독자들도 어디에서 막힐지 알고 그 부분들에 대해 최대한 자세히 풀면서 설명해보려고 한다. 참고로 이 부분은 부동산 관련이지만 일반적인 부동산 프로젝트가 아니기 때문에 거부감이 들 수도 있을 것 같은데 운용사 대체투자팀에서 일을 하면 하고 싶은 딜만 검토할 수는 없고, 다양한 구조의 상품을 접하게 될 텐데 그때 좋은 딜인지 아닌지 판단할 수 있는 능력이 필요하다고 생각하여 넣게 됐다. 이 책의 마지막 프로젝트이니 끝까지 잘 따라와주길 바란다.

[Term-Sheet]

구 분	내 용
프로젝트명	시공사 장래매출채권 유동화
대출금액	50억 원
사모사채 투자기간	12개월
금 리	연 8.5%
취급수수료	1.5%
차 주	㈜차주
이자지급방법	3개월 후취
조기상환 가능여부	가능(조기상환수수료는 조기상환 금액의 1%)
채권보전방안	① 금전채권신탁 1종 수익권 ② 차주 대표이사 연대보증

전체적으로는 계속 보던 내용이라 이해하는 데 어렵지 않을 텐데, 채권보전방안에 처음으로 금전채권신탁이라는 개념이 나왔다. 여기에

서 금전채권신탁 1종 수익권은 간단하게 이야기하면 차주가 신탁사에 신탁한 신탁재산이 금전이고 본 펀드가 그 금전에 대해 1순위로 가져 갈 권리가 있다는 의미로 이해하면 된다.

[펀드제안서(IM)]

① **펀드 개요** → ② 대출개요 → ③ 투자대상 분석 → ④ 위험고지

①-1. 펀드 개요

구 분	내 용
펀드명	KAIC일반사모투자신탁제5호
펀드유형	일반 사모집합투자기구 / 사모형 / 단위형 / 폐쇄형
위험등급	1등급(매우 높은 위험)
투자대상	㈜차주가 발행하는 사모사채
모집금액	50억 원(예정)
펀드설정일	2020년 00월 00일(예정)
펀드만기일	2021년 00월 00일(운용기간: 약 13개월 / 사모사채 만기: 약 12개월) (※ 투자자금 전액 회수 시 펀드 조기 청산 가능)
목표수익률	연 [T.B.D]% 수준(보수 및 제비용 차감 후, 세전)
이익분배	매 6개월 (※ 단, 회계기간 중 임의결산을 통해 중간 이익분배 가능)
환매가능여부	환매 불가

투자자격	다음 중 어느 하나에 해당하는 적격투자자 ① 전문투자자로서 자본시장법 시행령 제271조 제1항에서 정하는 투자자 ② 금 1억 원 이상을 투자하는 개인 또는 법인, 그 밖의 단체		
선취판매수수료	납입금액의 [T.B.D]%		
총 보 수	총 기본보수	원본액의 연 [T.B.D]%	
	운용보수	원본액의 연 [T.B.D]%	
	판매보수	원본액의 연 [T.B.D]%	
	신탁보수	원본액의 연 [T.B.D]%	
	사무관리보수	원본액의 연 [T.B.D]%	

이익 분배를 6개월 단위로 해달라는 판매사의 요청이 있어서 반년에 한번 결산을 해야 한다. 그리고 B시 프로젝트에서 SPC가 발행하는 사모사채에 투자를 했는데 이렇게 일반 법인들도 사모사채를 발행하여 투자를 받을 수 있다.

①-2. 펀드구조

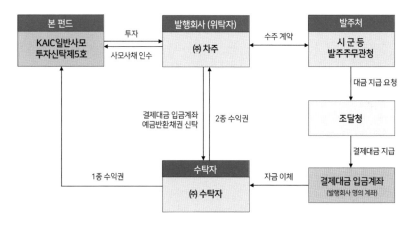

이번 프로젝트의 핵심인 구조도다. 바로 이해가 가지 않을 텐데 이는 아직 차주의 사업배경에 관한 설명을 아직 하지 않아서 그런 것이니 배경에 대해 먼저 이야기하겠다. 일단 여기서 차주는 시공사이자 사모사채 발행회사 모두 해당된다. 차주는 시공사로서 발주주무관청 프로젝트를 수주 받아서 공사를 진행하고, 전체 공사대금은 '착공 시에 선수금/기성에 따라 중도금/준공에 따라 잔금'으로 나눠서 수령하게 된다. 그런데 이 과정에서 차주가 발주주무관청에서 프로젝트를 수주받는 데 성공을 했으나 당장 착공할 돈이 없는 경우가 있다. 이런 경우 차주는 발주주무관청으로 프로젝트는 확실하게 체결된 상태로 공사만 진행되면 향후 공사대금이 들어올 예정이기 때문에 나중에 들어올 공사대금을 담보로 유동화 대출을 받는다고 이해하면 이 프로젝트 스토리가 어느 정도 이해가 될 거라 생각한다.

다음으로 금전채권신탁에 대한 이야기를 하겠다. 공사대금은 사모사채 발행회사인 차주 명의 계좌로 들어오게 되고, 차주는 이 돈이 들어오는 계좌 자체를 수탁사에 신탁한다. 즉, 발행회사 명의의 계좌에는 아직 돈이 없지만 앞으로 이 차주 명의 계좌에 공사대금이 들어오게 되고 이 들어오는 돈이 펀드의 상환재원이 된다. 이렇게 차주 명의의 공사대금이 들어오는 계좌를 수탁사에 신탁하였고 앞으로 투자기간 동안 들어올 공사대금은 당연히 사모사채 투자금 이상이 될 텐데, 이 부분에 대해서 펀드는 사모사채 투자금을 한도로 하는 금전채권신탁 1종 수익권(권면액이 정해진 수익권)을 받고, 한도를 초과하는 금액에 대해서는 차주가 가져갈 수 있는 2종 수익권(권면액이 없는 수익권)을 받게 된다.

　전체적인 사업의 흐름과 투자방식에 대해서는 이제 이해가 됐을 텐데, 아직 구조도에서 '결제대금 입금계좌 예금반환채권 신탁'이라는 단어는 이해가 안 됐을거라 생각한다. 일단 이 단어가 지금까지 설명한 금전채권신탁을 말하는 건데, 정확한 의미에 대해서는 금전채권신탁계약서의 내용을 가져왔다.

> '결제대금입금계좌'라 함은 거래처가 공사도급계약에 따라 위탁자에게 지급하는 결제대금이 입금되는 예금계좌로써, 결제대금입금계좌 개설은행의 영업점에 개설된 위탁자 명의의 예금계좌(계좌번호: 000 - 000 - 000)를 말한다.
> '결제대금입금계좌 개설은행'이라 함은 결제대금입금계좌가 개설된 ㈜수탁자 및 그 승계인을 말한다.

'결제대금입금계좌 예금약정'이라 함은 위탁자가 결제대금입금계좌 개설은행에 결제대금입금계좌를 개설하기 위하여 체결한 예금약정으로써, 결제대금입금계좌에 대한 예금가입신청서, 결제대금입금계좌 개설은행의 예금거래약관 및 기타 관련 계약 및 서류 일체를 말한다.
'결제대금입금계좌 예금반환채권'이라 함은 위탁자가 예금자로서 결제대금입금계좌와 관련하여 결제대금입금계좌 개설은행에 대하여 지급을 청구할 수 있는 일체의 예금반환채권을 말한다.

금전채권의 채권자는 위탁자가 되고 금전채권의 대상은 결제대금입금계좌 개설은행에 대한 결제대금입금계좌 예금반환채권이 된다. 간단하게 이야기하면 위탁자는 지급을 청구할 수 있는 권리를 신탁하는 것으로, 펀드의 신탁업자는 이 권리의 1종 수익자로서 2종 수익자인 위탁자에 우선하여 사모사채 투자금액을 한도로 받을 수 있게 된다. 익숙한 개념이 아니라 바로 이해가 안 갈 수도 있는데 생각하면서 반복하여 읽다보면 이해가 될 것이다.

① 펀드개요 → ② **사모사채 투자개요** → ③ 투자대상 분석 → ④ 위험고지

②-1. 사모사채 투자개요

구 분	내 용
발행 회사	㈜차주
채권 종류	사모사채
기초 자산	㈜차주의 수주가 완료됐고 수주가 예상되는 프로젝트에 대한 결제대금 입금계좌의 예금반환채권

발행 규모	50억 원
조달 목적	수주 프로젝트에 납품할 부품의 원자재 구입 및 회사 운영비 등
발행일	2000년 00월 00일(예정)
사모사채 만기	발행일로부터 12개월
인수수수료	발행금액의 1.5%(발행회사가 펀드에 지급)
발행 이자	연 8.5%
이자지급주기	3개월 후취
연체 이자	연 11.5%(발행이자 + 연 3%)
상환 방법	원금 만기일시상환
조기상환수수료	조기상환금액의 1%(단, 조기상환 시 전액 일시상환만 가능)
채권보전조치	1. 금전채권신탁의 1종 수익권 취득 2. 조달청 결제대금 입금계좌 무단 변경시 기한이익 상실 3. 약속어음 발행 및 공증하여, 유사시 조달청에 결제대금 직접 청구 예정 4. 투자기간 중 신규 수주 사업에서 발생되는 조달청 결제대금을 본건 사모사채 기초자산의 계좌로 수취 5. ㈜차주 대표이사의 연대보증
주요 기한이익 상실사유	1. 위탁자가 원리금의 전부 또는 일부의 지급을 지급기일로부터 5영업일 이내에 지급하지 아니한 경우 2. 위탁자가 제1종 수익자의 사전 서면동의없이 별건 수입금입금 계좌, 추심계좌를 변경하는 경우

본건에는 핵심 위험이 있는데 바로 '위탁자 명의의 예금계좌'다. 앞에 부동산 펀드들을 할 때는 자금의 안전한 관리를 위해 관리형 토지신탁을 체결하고 부동산신탁사 명의의 계좌로 분양대금을 입금받아서

관리했다. 그런데 이번 프로젝트의 경우에는 사모사채 발행회사인 차주 명의의 계좌로 펀드의 상환재원이 되는 공사대금을 받게 된다. 금전채권신탁이 되어있기 때문에 이 계좌에서 돈을 뺄 수는 없지만 차주가 마음대로 조달청에 다른 계좌를 등록해 공사대금 입금계좌를 변경할 수 있는 상황이 생길 수 있다. 그러면 '애초에 공사대금 입금계좌를 차주가 아닌 수탁사 명의의 계좌로 받으면 되지 않는가?'라는 의문이 생길 수 있는데, 이 부분은 조달청 특성상 수주계약을 한 업체 명의의 계좌를 등록하게 되어있어서 불가능했다. 또한 이번 프로젝트의 경우 당장 확정된 수주계약들뿐만 아니라 신규 수주 사업들도 담보로 잡아야 하는데, 이런 신규 수주 건들에 대해 차주가 다른 공사대금 입금계좌를 등록할 수 있는 동일한 위험에 노출된다. 그래서 이 부분을 주요 기한이익 상실사유라는 내용으로 펀드제안서에 명확히 넣어서 만약 차주가 계좌를 바꾸면 즉시 대출원리금을 변제할 의무가 생기게 했다.

그리고 여기에 추가적으로 넣은 채권보전방안이 있는데 바로 약속어음이다. 약속어음이란 발행한 사람이 소지인에게 일정한 금액을 지불할 것을 약속하여 발행하는 어음을 말하며, 약속어음을 발행 및 공증하여 차주명의 계좌변경 또는 펀드 상환에 문제가 생길 시 조달청에 직접 청구를 하는 방법으로 일단 투자심의위원회(투심위)는 통과시켰다. 물론 약속어음도 차주가 공사대금 입금계좌를 변경할 수 있다는 근본적인 해결책이 되지는 못하지만 하나라도 더 안전장치를 마련하기 위해 넣었다.

① 펀드개요 → ② 사모사채 투자개요 → ③ **투자대상 분석** → ④ 위험고지

부동산 프로젝트는 해당 물건에 대한 설명장표와 인근 거래사례 비교를 넣었는데 여기서는 차주에 대한 설명과 수주받은 프로젝트의 설명을 넣으면 된다. 필자는 차주가 어떤 회사고 지금까지 어떤 프로젝트들을 진행해 왔고, 상환재원인 수주 프로젝트들이 어떤 것들이 있고 분기별로 받을 걸로 예상되는 공사대금이 어느 정도인지에 대해 정리를 했다.

③-1. 원리금 상환 계획

(단위 : 백만원)

구 분	Cash-Out	원금상환재원		Cash-In	
		적립액	누적 적립액	이자	원금
사모사채 발행일	5,000				
발행일 + 3개월		800	300	107	
발행일 + 6개월		1,000	1,800	107	
발행일 + 9개월		1,200	3,000	107	
사모사채 만기일		2,000	5,000	107	5,000
합계	5,000		5,000	428	5,000

프로젝트의 특징은 차주가 하는 사업의 경우 앞에서 말했듯이 공정률에 따라 공사대금을 받아서 몇 개월간 수입이 나누어 들어오는데 그때마다 들어오는 수입을 펀드가 100% 다 가져가면 상환이야 빨리

되겠지만 차주는 회사 운영이 불가능해지기 때문에 투자기간 12개월 중 3개월마다 적립금 중 일정 금액은 원금상환계좌에 적립해두고, 원금상환재원 적립금 및 1종 수익자에게 지급할 이자를 초과하는 돈은 2종 수익자인 차주가 회사 운영비로 가져가서 쓸 수 있게 구조를 짰다. 이때 3개월마다 적립되는 금액은 펀드의 상환으로 보지 않기 때문에 적립을 하더라도 펀드는 처음 대출금액인 50억 원에 대한 이자를 계속 받게 된다.

① 펀드개요 → ② 사모사채 투자개요 → ③ 투자대상 분석 → ④ **위험고지**

위험 구분	위험의 주요내용
자금관리 위험	㈜차주는 조달청 결제대금 입금계좌의 예금반환채권을 ㈜수탁사에 신탁하고, 신탁계좌 입금액으로 본건 사모사채의 원리금을 상환할 예정임. 단, ㈜차주가 결제대금 입금계좌를 무단으로 변경할 수 있는 위험이 존재하나, 무단 변경 시 기한이익상실 조건으로 사모사채를 발행하고, 약속어음 발행 및 공증으로 유사시 대응할 예정임.
채무불이행 위험	본건 사모사채는 발행회사의 장래매출로 상환되는 구조로, 예상과 달리 매출이 발생하지 않을 경우 채무불이행이 발생할 수 있으며, 이 경우 이에 따른 담보권 행사의 원만한 종결 여부에 따라 조기상환, 상환 지연, 목표수익률 미달 혹은 원금손실 등의 위험성이 따를 수 있음.

3부 펀드 설정 관련 업무로 넘어가기 전에 이번 장래매출채권 유동화 프로젝트와 두 번째 프로젝트에서 사용했던 사모사채 투자 방식에 대해 조금 더 자세히 알아보려고 한다. 사모사채 투자 방식은 다양하게 활용할 수 있고 문제도 없어 보이지만 한 가지 단점이 있는데, 바로 프로젝트의 직접 대주가 아니라 투자자의 지위를 가지게 된다는 점이

다. 이게 어떤 차이가 있고 무슨 문제가 생기는지 펀드구조도를 토대로 설명해 보겠다.

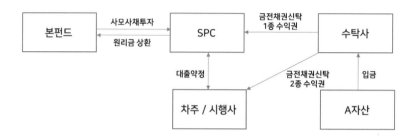

이 구조도에 대해 간단히 설명하면, 차주가 A자산을 통해 미래에 받아야 할 수익을 수탁사에 금전채권신탁하고 미래에 발생할 수익을 담보로 SPC와 대출약정을 하여 돈을 빌리는 구조다. 구조자체는 다섯 번째 장래매출채권 유동화 구조에서 본 펀드의 위치에 SPC가 들어가고 본 펀드가 SPC에 투자한다는 내용 하나만 다르기 때문에 이해하기 어렵진 않을 거라 생각한다. 펀드는 투자를 하면서 SPC가 가지고 있는 금전채권신탁 1종 수익권에 근질권을 잡아서 채권보전방안을 마련했다. 이제 여기서 펀드는 사모사채 인수계약서, 수익권 근질권설정 계약서 등을 체결했을 거라는 걸 짐작할 수 있을 것이다. 그런데 펀드 설정 후 시간이 지나고 나서 주간사를 통해 A자산은 보증기관 때문에 담보의 대상이 될 수 없다는 이야기를 들었고, 이 문제를 해결하기 위해 A자산 보증기관에 그 이유와 해결방안을 묻기 위해 연락했는데 이때 사모사채 투자의 문제점을 알 수 있었다.

사실 필자도 이때까지 컴플라이언스에서 SPC를 통한 간접투자는 직접투자처럼 우선수익권을 잡는 게 아니라 우선수익권에 근질권을 잡는 형태로 투자하게 되어 온전하게 담보를 가져오는 게 아니기 때문에 위험하다는 말씀이 무슨 소린지 이해가 안 됐는데, 알고 보니 여기서 운용사는 투자자일 뿐 '대주'가 아니라서 할 수 있는 게 '제한'되어 있었다. 보증기관에 공문을 보내려고 해도 위탁자(SPC)를 통해 공문을 보내야 하는데 SPC에 연락해 보니 일을 만들지 말자는 반응이었고, 그래서 운용사에서 보증기관에 직접 공문을 보내려고 하니 보증기관에서도 프로젝트 이해관계인이 아니라 투자자인데 왜 직접 연락하냐는 반응이었다. 이렇듯 셀다운을 받을 때 사모사채 투자 방식 또는 대출채권 양수도 방식이 있는데 사모사채는 간편하지만 채권보전 관련 위험이 있고 대출채권 양수도는 약정 과정은 번거롭지만 대주의 지위를 가져온다는 점에서 각각 장단이 있으니 상황에 맞게 구조를 짜면 된다.

[계약서 검토]

이 프로젝트의 경우 기본계약서는 사모사채 투자이니 사모사채 인수계약서가 될 텐데 앞에서 설명했으니 따로 설명하지는 않겠다. 대신 이 프로젝트의 경우 담보 관련 계약서가 특이하니 관련 내용만 가볍게 보고 넘어가도록 하겠다.

[계약서 검토]

① 담보 관련 계약서: 약속어음공정증서

이번에 추가로 잡은 채권보전방안이다. 문제가 생길 시 직접 조달청에 직접 청구하여 원금을 회수하기 위함인데 이 역시 차주의 결제대금입금계좌를 변경하는 걸 막지 못하기 때문에 완벽한 채권보전방안이 아니다.

② 담보 관련 계약서: 지식재산권근질권설정계약서

이 프로젝트의 경우 차주가 보유한 특허권 및 디자인권을 담보로 잡았는데 만약 차주가 원리금상환을 못했을 경우 특허권 및 디자인권을 매각하여 상환재원으로 사용이 가능하다. 이 프로젝트와 관련하여 개인적인 경험을 이야기하면 차주가 원리금을 무사히 상환하고 담보로 잡고 있던 특허권 및 디자인권에 근질권을 해지하던 중 충격적인 사실을 알게 되었다. 특허에 설정했던 근질권을 말소시키려고 특허청에 메일을 보냈는데, 며칠 뒤 반려가 되어서 보니 '등록료불납'을 이유로 담보로 잡았던 특허권이 소멸되었다고 하는 것이다. 상황을 간단하게 설명하면, 우리가 잡고 있었던 특허권이 차주가 특허 등록료를 내지 않아서 특허권 자체가 말소가 된 것으로, 펀드의 담보인 특허권이 사라졌다는 사실을 펀드가 다 끝나고 안 것이다. 이는 특허권이 말소가 되었음에도 방치하고 알려주지 않았던 차주 문제도 있었지만, 필자의 관리 미숙도 있었던 사건이었다. 변명이지만 한 회사의 특허권이 '등록료불납'이라는 이유로 말소되게 두는 것은 예상도 못했고 신경을 쓰지 못했다. 만약 차주가 원리금을 상환하지 못했다면 큰 문제가 될 뻔했는데, 무사히 상환이 되어 다행이었다. 크고 작은 사고들이 많았는데 가장 철렁했던 순간 중 하나였고, 관리를 어느 정도 철저하게 해야 하는지 다시 한번 느끼고, 다른 펀드들도 다시 한번 리뷰해봤던 날이었다.

펀드 설정
관련 업무

신탁계약서

　　펀드를 설정하기 위해 가장 중요한 게 2가지가 있는데 바로 펀드제안서와 이번에 설명하는 신탁계약서다. 신탁계약서는 위에서 말한 부동산 신탁사가 아닌 '펀드의 신탁사와 자산운용사 사이의 계약'이다. 이 신탁계약서는 각각의 펀드마다 체결하는 계약서로 여러 차례 정독을 하고 모든 내용을 알고 있어야 한다. 그 이유는 신탁계약서에는 펀드와 관련하여 어떤 이슈가 생겼을 때 어떻게 해결해야 하고, 어떤 방식으로 펀드를 운용할지에 대해서 정리한 계약서이기 때문이다. 예를 들어 펀드가 부실이 났을 때 자산운용사는 펀드 연장을 위해서 어떻게 조치를 취해야 하는가, 펀드에 환매나 조기상환 같은 일이 발생했을 때 어떤 프로세스를 업무를 처리해야 하는지 등 펀드와 관련된 내용들이 정리된 계약서이기 때문에 반드시 내용을 다 이해하고 어느 정도는 알고 있어야 한다. 신탁계약서의 내용이 많으나 꼭 읽어봐야 하는 계약서이기 때문에 전체 내용을 다 넣었고,

그 중 실무에서 검토할 때 중요한 부분에 대해서 부연설명을 하려 한다. 신탁계약서는 인터넷에 많이 나오니 여기서 한번 읽어보고 언제든지 찾아서 다른 신탁계약서도 읽어보면 큰 공부가 될 거라 생각한다. 운용사 면접 오는 친구들 중에 펀드신탁계약서 존재 자체를 모르는 친구들도 많은데 이걸 이해하고 설명할 수 있는 정도의 수준이라면 면접에서 합격 가능성 자체가 달라질 거라 본다. 참고로 신탁계약서상에 내용이 주식형인지, 부동산형인지 등에 따라 조금씩 다르고 몇 조 몇 항인지는 운용사마다 다를 수 있지만, 들어가야 하는 내용은 동일하니 다른 신탁계약서를 보고 내용이 조금 다르다고 당황하지 않아도 된다.

1. 신탁계약서 제목

KAIC일반사모투자신탁제1호

(한국금융투자협회 펀드코드: K0000000000)

① KAIC ② 일반(사모집합투자기구) ③ 사모 ④ 투자신탁 ⑤ 제00호 순으로 구분이 되는데 차례대로 보도록 하겠다.

① KAIC 위치에는 자산운용사의 이름이 들어간다. 그리고 운용사에서 펀드를 구분하기 위해 펀드명 뒤에 펀드의 특징을 뒤에 붙

히는 경우가 있는데, 예를 들어 'KAIC사파이어', 'KAIC브릿지론', 'KAIC인천' 이런 식으로 펀드명을 만들기도 한다.

② 일반 사모집합투자지구는 적격투자자로 한정하여 투자자를 받는다는 의미이며, 적격투자자란 자본시장법 제249조의 2(일반 사모집합투자기구의 투자자)에 해당하는 (1) 전문투자자로서 대통령령으로 정하는 투자자, (2) 1억 원 이상으로써 <u>대통령령으로 정하는 금액</u> 이상을 투자하는 개인 또는 법인, 그 밖의 단체를 의미한다.

자본시장법 시행령 제271조(일반사모집합투자기구의 투자자)
② 자본시장법 제249조의 2 제2호에서 '대통령령으로 정하는 금액'이란 다음 각 호의 구분에 따른 금액을 말한다.
1. 자본시장법 제249조의 7 제1항 각호의 금액을 합산한 금액이 일반사모집합투자기구의 자산총액에서 부채총액을 뺀 가액의 100분의 200을 초과하지 않는 일반사모집합투자기구에 투자하는 경우: 3억 원
2. 제1호 외의 일반사모집합투자기구에 투자하는 경우: 5억 원

②에 나오는 내용은 5개의 펀드 투자자격 부분에 5번 모두 나왔던 내용이라 기억할 거라 생각한다. 투자자격을 보면서 '(2)에 왜 3억 원 이상이라고 안 적었지?'라고 생각한 분들도 계셨을 텐데 이는 우선 자본시장법에 1억 원으로 되어있기 때문에 적은 것이고 실제 투자자는 시행령에 따라 3억 원 또는 5억 원 이상으로 모집하게 된다. 그리고 실제 모집 내용에 맞게 펀드제안서와 신탁계약서의 투자자격은 바꾸면 된다. 최소가입기준이 3억 원인 펀드면 '(2) 3억 원 이상~' 이런 식으로 적으면 되고 만약 전문투자자만을 대상으로 하는 펀드를 만들고 싶으면 아예 (2) 내용을 삭제해 버리는 등 펀드는 만들기 나름이다. 참고로 3억 원 또는 5억 원이라는 최소모집금액은 기준이 명확히 있으니 작성할 때 이 부분은 신경 써야 한다.

③ 사모형 펀드라 하면 집합투자증권을 사모로만 발행하는 집합투자기구로서 자본시장법 9조 제19항 및 자본시장법 시행령 제14 조(사

모집합투자기구의 기준)에 따라 투자자의 총수가 100인 이하인 집합투자기구를 말한다.

④ 투자신탁은 집합투자업자인 위탁자가 펀드신탁업자에게 신탁한 재산을 신탁업자로 하여금 그 집합투자업자의 지시에 따라 투자·운용하게 하는 신탁 형태의 집합투자기구를 말한다.

⑤ 제00호는 해당 이름의 몇 번째 펀드인지 구분을 위한 것으로 순서대로 숫자를 붙인다.

앞에서 여러 구조도를 보면서 집합투자기구가 펀드라는 것은 알 텐데 집합투자는 무엇인지 자본시장법에 나와있는 정확한 정의는 아래와 같다.

> 자본시장법 제6조(금융투자법) 제5항
> '집합투자'란 2인 이상의 투자자로부터 모은 금전 등을 투자자로부터 일상적인 운용지시를 받지 아니하면서 재산적 가치가 있는 투자대상자산을 취득·처분, 그 밖의 방법으로 운용하고 그 결과를 투자자에게 배분하여 귀속시키는 것을 말한다.

그리고 이 부분에서 실무적으로 중요하게 봐야 할 부분이 있는데 바로 '2인 이상'이다. 이 부분 때문에 펀드는 '단독수익자(1인 수익자)'로 설정을 못한다. 예를 들어 20억 원짜리 프로젝트에 어떤 법인이 전액투자를 하려 하면, 일단 전액투자로 펀드 설정은 가능하지만 자본시장법 제192조(투자신탁의 해지) 2항 5호에 따라 지체 없이 투자신탁을 해지해야 하며, 그 기한은 자본시장법 시행령 제224조의 2(의무해지가 면제되는 사유) 3호, 4호에 따라 1개월 이내로 한다.

시행령 제224조 2의 3호, 4호에 따르면 3호에 따라 최초에 1인 수익자로 펀드를 설정하거나 4호에 따라 수익자가 2인 이상에서 1인으로 줄어들어도 펀드는 존속 가능하지만, 기간 내에 수익자를 2인 이상으로 만들지 못하면 펀드를 해지해야 한다. 참고로 1인 수익자를 회피할 목적으로 자산운용회사, 판매회사 또는 신탁회사 및 그 임직원 등이 1인 펀드에 투자하는 행위를 불건전 영업행위로 명시되어 있다.

자본시장법 시행령 제68조(불건전 영업행위의 금지)

⑤ 법 제71조 제7호에서 '대통령령으로 정하는 행위'란 다음 각호의 어느 하나에 해당하는 행위를 말한다.

14. 그 밖에 투자자의 보호나 건전한 거래질서를 해칠 염려가 있는 행위로써 금융위원회가 정하여 고시하는 행위

금융투자업규정 제4-20조(불건전 영업행위의 금지)

① 영 제68조 제5항 제14호에서 '금융위원회가 정하여 고시하는 행위'란 다음 각 호의 어느 하나에 해당하는 행위를 말한다.

10. 집합투자증권의 판매와 관련하여 다음 각 목의 어느 하나에 해당하는 행위

바. 법 제192조 제2항 제5호 (중략) 에 따른 해지 또는 해산을 회피할 목적으로 투자자의 수가 1인인 집합투자기구가 발행한 집합투자증권을 다음의 어느 하나에 해당하는 자에게 판매하는 행위

1) 해당 집합투자기구를 운용하는 집합투자업자

2) 해당 집합투자증권을 판매하는 투자매매업자 또는 투자중개업자

3) 해당 집합투자기구의 집합투자재산을 보관·관리하는 신탁업자

4) 1)부터 3)까지에 해당하는 자의 임직원

투자자 수와 관련하여 또 신경 써야 하는 펀드유형이 있는데 바로 FOFs(fund of funds)다. 펀드오브펀즈 혹은 재간접투자라 부르고 자펀드에서 모펀드로 투자하는 형태이며 구조는 아래와 같다.

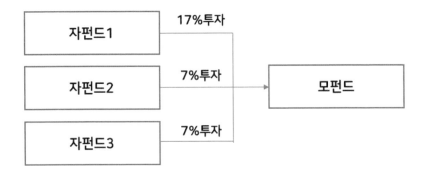

이때 자펀드의 규모가 모펀드의 10% 이상 투자하고 있으면, 자펀드의 투자자 수를 합하여 모펀드에 더하고 10% 미만이면 자펀드의 투자자 수와 상관 없이 자펀드 1개를 1인(한 명의 투자자)으로 봤다. 이는 자본시장법 시행령 제14조 사모집합투자기구의 기준 제2항에서 관련 내용을 확인할 수 있다.

자본시장법 시행령 제14조(사모집합투자기구의 기준)
② 법 제9조 제19항 각호 외의 부분에 따른 사모집합투자기구의 투자자 총수는 다음 각호의 구분에 따른 투자자의 수를 합산한 수로 한다. 이 경우 투자자의 총수를 계산할 때 다른 집합투자기구가 그 집합투자기구의 집합투자증권 발행 총수의 100분의 10 이상을 취득하는 경우에는 그 다른 집합투자기구의 투자자의 수를 더해야 한다.
1. 기관전용 사모집합투자기구: 법 제249조의 11 제1항에 따른 무한책임사원 및 같은 조 제6항 각호에 따른 유한책임사원
2. 일반 사모집합투자기구: 법 제249조의 2 각호에 따른 투자자

그런데 이 부분 때문에 문제가 생겼다. 과거 49인 이하로 규정했던 사모펀드 규제를 피하기 위해 모펀드를 설정해놓고 10% 미만으로 여러 개의 자펀드를 모집하여 규제를 회피해 일종의 공모펀드처럼 운용하는 펀드들이 생겨나기 시작했다. 이로 인해 사모펀드인데 사고가 날 경우 한 펀드에서 수백 명의 피해자가 생기는 문제가 생기게 되었고, 이러한 복층 투자 구조인 쪼개기를 방지하고자 2021년 3월 3항이 신설되었는데 내용은 아래와 같다.

③ 제2항에도 불구하고 그 집합투자기구를 운용하는 집합투자업자가 둘 이상의 다른 집합투자기구를 함께 운용하는 경우로써 해당 둘 이상의 다른 집합투자기구가 그 집합투자기구의 집합투자증권 발행총수의 100분의 30 이상을 취득(여유자금의 효율적 운용을 위한 취득으로써 금융위원회가 정하여 고시하는 경우의 취득은 제외한다.)하는 경우에는 그 증권 발행총수의 100분의 10 미만을 취득한 다른 집합투자기구의 투자자의 수도 더해야 한다.

이 내용은 이렇게 보면 된다. 앞의 그림을 보면 기존에는 10%이상인 '자펀드1의 투자자수'와 10%미만인 '자펀드2', '자펀드3'을 투자자수로 카운트하여 모펀드에 합산을 했었다. 그런데 이제는 이번 3항을 통해 자펀드1, 2, 3을 합한 수가 31%로, 30% 이상이 되기 때문에 모든 자펀드의 투자자 수를 모펀드에 합산해야 하는 방식이 된다. 이런 이유로 재간접투자 상품에 투자할 때는 꼭 투자자 수에 문제가 없는 지 확인해야 한다.

그리고 중요한 부분은 아니지만 집합투자기구의 명칭과 관련하여 한 가지 더 이야기하면 일반 사모집합투자기구의 경우에는 자본시장법 제249조의 8(일반 사모집합투자기구에 대한 특례) 중 제183조(집합투자기구의 명칭)에 의해 펀드 명칭에 제한을 받지 않는다. 이는 필자도 '판매사에서 펀드명 중 부동산투자신탁에 부동산이 꼭 들어가야 하는가?'라는 질문을 받고 찾아보니 특례에 의해 넣지 않아도 되길래 뺐다. 이 책에 나오는 펀드들의 펀드명에 부동산이 없는 이유도 이 때문인데 실무에서 싫어하는 분들도 계실 수 있으니 일단은 넣는 걸 추천하긴 한다. 그러면 지금부터 본격적으로 신탁계약서 내용을 공부해보겠다.

제1장 총칙

제1조(목적)

이 신탁계약은 「자본시장과 금융투자업에 관한 법률」(이하 '법'이라 한다.)에 의한 집합투자기구로써 법이 정하는 바에 따라 투자신탁의 설정, 투자신탁재산의 운용 및 관리를 함에 있어 집합투자업자인 ○○자산운용㈜와 신탁업자인 ○○증권㈜이 수행하여야 할 업무 등 필요한 사항과 수익자의 권리 및 의무에 관한 사항을 정함을 목적으로 한다.

> 펀드의 신탁업자는 일반적으로 은행이 하는데, 경우에 따라서 증권사를 이용하는 경우도 있다. 증권사랑 신탁계약을 하는 경우 전담중개업무를 체결하고 증권사가 은행에 재위탁을 맡기게 된다. 여기서 증권사로 내용을 넣은 이유는 은행이랑 할 때랑 다르게 신탁계약서에 제4조의 2(전담중개업자), 제4조의 3(업무의 위탁)를 추가해 줘야 하는데 관련 내용을 보여주기 위해서다.

제2조(용어의 정의)

이 신탁계약에서 사용하는 용어의 정의는 다음 각호와 같다. 다만, 각호에서 정하지 아니하는 용어에 관해서는 관련법령과 규정에서 정하는 바에 의한다.

1. '집합투자'라 함은 2인 이상의 투자자로부터 모은 금전 등을 투자자로부터 일상적인 운용지시를 받지 아니하면서 재산적 가치가 있는 투자대상자산을 취득·처분, 그 밖의 방법으로 운용하고 그 결과를 투자자에게 배분하여 귀속시키는 것을 말한다.

2. '수익자'라 함은 이 투자신탁의 수익증권을 보유하는 자를 말한다.

수익증권은 고객이 맡긴 재산을 투자 및 운용하여 발생하는 수익을 분배받을 수 있는 권리를 표시한 증서로 1개 펀드의 신탁재산을 균등한 권리로 분할해 발행한다. 이 책에서 주로 다루는 부동산 일반사모펀드는 대부분 단위형 펀드로 기준가격이 달라졌을 때 신규 수익자가 가입하여 이익분배를 할 때 고생하는 경우는 거의 없다. 그러나 신탁계약서 제7조(추가신탁) 1호에 따라 종종 '추가 신탁기간'에 신규 투자자가 들어오는 경우에는 최초 투자자와 신규 투자자가 가입했을 때의 기준가격과 보유 좌수가 틀어지게 되는데 이때는 이익분배를 할 때 신경 써서 해야 한다.

추가 신탁기간에 신규투자자가 들어올 시 가장 조심해야 하는 부분은 펀드의 경우는 기표를 하고 취급수수료를 바로 받는 때이다. 취급수수료를 받으면 기준가격이 크게 뛰게 되어 이익분배 시 최초투자자와 하루라도 늦게 들어온 신규 투자자의 배당금이 크게 차이 나게 된다. 만약 취급수수료를 받는데 신규 투자자가 가입할 걸로 예상되는 상황이라면 일반사무관리회사에 요청해서 펀드회계상 취급수수료의 수익인식은 나중에 해달라고 하거나, 대출약정서에 취급수수료는 1개월 뒤에 지급한다 등의 내용으로 만들어서 신규 투자자가 가입한 이후에 취급수수료를 받는 게 좋다. 혹시 기준가격이 뛰는 이유에 대해서 기억이 안 나면 1부 2장 고객 수익률 계산 부분을 다시 읽고 오면 된다.

3. '판매회사'라 함은 이 투자신탁의 수익증권을 판매하는 투자매매업자 또는 투자중개업자를 말한다.

4. '영업일'이라 함은 판매회사의 영업일(토요일은 제외한다.)을 말한다.

5. '투자신탁'이라 함은 집합투자업자인 위탁자가 신탁업자에게 신탁한 재산을 신탁업자로 하여금 그 집합투자업자의 지시에 따라 투자·운용하게 하는 신탁 형태의 집합투자기구를 말한다.

6. '폐쇄형'이라 함은 환매가 불가능한 집합투자기구를 말한다.

7. '단위형'이라 함은 이 신탁계약에서 허용되는 경우를 제외하고, 추가설정이 불가능한 집합투자기구를 말한다.

8. '사모형'이라 함은 집합투자증권을 사모로만 발행하는 집합투자 기구로서 법 9조 19항 및 법 시행령 제14조에서 정하는 투자자 의 총수가 100 인 이하인 집합투자기구를 말한다.

자본시장법 9조 19항에서 사모집합투자기구의 정의가 2021년에 개정되어 49인 이 하였던 투자자 총수가 100인 이하로 변경되었다. 하지만 정확하게 이는 일반 사모 집합투자기구 기준으로 전문투자자를 추가로 받을 수 있게 변경된 것이고, 아직까 지 '일반 투자자' 총수는 49인 이하라는 점을 주의해야한다. 투자자 총수가 늘었으 나 일반 투자자의 수가 변경되지 않는건 사모에 대한 정의가 바뀌지 않으면서 여 전히 공모규제(일반투자자 수 49인 이하)를 받기 때문이다.

자본시장법 제9조(그 밖의 용어의 정의)
⑦ 자본시장법에서 '모집'이란 대통령령으로 정하는 방법에 따라 산출한 50인 이 상의 투자자에게 새로 발행되는 증권의 취득의 청약을 권유하는 것을 말한다.
⑧ 자본시장법에서 '사모'란 새로 발행되는 증권의 취득의 청약을 권유하는 것으 로써 모집에 해당하지 아니하는 것을 말한다.

따라서 이번 투자자 총수의 증가는 '전문투자자'의 투자를 용이하게 해주는 효과 만 있다.

9. '일반 사모집합투자기구'라 함은 법 제9조 제19항 제2호의 사모 집합투자기구를 말한다.

10. '예탁결제원'이라 함은 법 제294조에 따라 설립된 한국예탁결 제원을 말한다.

11. '협회'라 함은 법 제283조에 따라 설립된 한국금융투자협회를 말한다.

12. 그 밖에 이 신탁계약서에서 정의되지 않은 용어는 관련 법령 및 규정 등에서 정하는 바에 따른다.

제3조(집합투자기구의 명칭 및 종류 등)

① 이 투자신탁의 명칭은 'KAIC일반사모투자신탁제1호'로 한다.

② 이 투자신탁은 다음 각호의 형태를 갖는 집합투자기구로 한다.

　1. 투자신탁

　2. 폐쇄형

　3. 단위형

　4. 사모형

　5. 일반 사모집합투자기구

③ 이 투자신탁은 일반 사모집합투자기구로서 법 제249조의 8에 의하여 금융위원회에 대한 신고서 제출, 투자설명서·자산운용보고서·자산보관관리보고서 등 교부, 투자운용인력의 변경·환매연기·부실자산 상각 등 관련 법령이 정하는 중요사실에 대한 수시공시, 기준가격의 일별공시, 회계감사 등 일반적인 투자자 보호규정의 적용이 배제된다.

제3조의 2(투자신탁의 가입제한 등)

① 이 투자신탁은 집합투자재산 자산총액의 100%를 한도로 하여 금전의 대여로 운용할 수 있으며, 가입자격은 다음 각호의 어느 하나에 해당하는 투자자에 한하고, 금전대여 차주의 목적이 부동산, 특별자산 관련 사업이 아닌 경우, 개인 및 일반법인의 집합투자증권 취득이 제한된다.

　1. 국가

　2. 한국은행

3. 법 시행령 제10조 제2항 제1호부터 제18호까지의 어느 하나에
   해당하는 자

4. 법 시행령 제10조 제3항 제1호부터 제14호까지 및 제18호 중
   어느 하나에 해당하는 자

② 제1항에도 불구하고 이 투자신탁이 금전을 대여한 차주의 목적이
국내·외 부동산의 취득, 개발, 임대, 운영, 관리 및 개량 등과 이에
준하는 사업(투자 등을 포함한다.)인 경우 또는 국내·외 특별자산의
취득, 신설, 증설, 개량 또는 운영 등과 이에 준하는 사업인 경우,
제1항의 투자자가 아니더라도, 다음 각호의 어느 하나에 해당하는
투자자(이하 '적격투자자'라 한다.)에게 수익증권을 발행할 수 있다.

1. 전문투자자로서 법 시행령 제271조 제1항에서 정하는 투자자

2. 금 1억 원 이상을 투자하는 개인 또는 법인, 그 밖의 단체(「국
   가재정법」 별표 2에서 정한 법률에 따른 기금과 집합투자기구
   를 포함한다.)

1항에서 금전대여 제한과 관련된 내용은 '전문투자형 사모펀드의 금전 대여 업무
가이드라인'에서 확인할 수 있다. 찾아보고 정독을 하면 좋겠지만, 일단 여기서는
가이드라인에 중요한 부분만 설명하도록 하겠다. 참고로 전문투자형 사모펀드가
현재는 일반 사모펀드로 바뀌었으나 아직 바뀐 이름의 가이드라인이 나오지 않아
전문투자형 가이드라인을 가져왔다.

[금전대여 가이드라인] 제3조(금전 대여 대상의 제한) 전문사모 집합투자업자가 전
문투자형 사모집합투자기구의 집합투자재산을 금전대여 방식으로 운용하는 경우
개인에게 집합투자재산을 대여하여서는 아니 되며, 이를 회피할 목적의 연계거래
를 이용하여 개인에게 대출이 이루어지도록 하여서는 아니 된다.

→ 펀드로 개인대출을 막고 있다는 내용이다. 연계거래란 이런 개인대출을 회피하기 위해 SPC를 활용하여 펀드가 SPC에 투자하고 SPC가 개인에게 대출해주는 거래방식을 이야기하는데, 감춘다고 감출 수 있는 게 아니니 이런 상품은 검토도 하면 안 된다. 복잡하게 잘 감춰져 있는 경우도 있으니 모든 상품은 현금 흐름의 끝에 누가 있는지 꼭 확인해야 한다.

[금전대여 가이드라인] 다음 각호의 어느 하나에 해당하는 경우 전문사모 집합투자업자는 제1항 각호 외 법 제249조의 2에 따른 적격 투자자에게 집합투자증권을 발행할 수 있다(제1항은 국가, 한국은행 등).

1. 전문투자형 사모집합투자기구가 금전을 대여한 차주의 목적이 국내·외 부동산의 취득, 개발, 임대, 운영, 관리 및 개량 등과 이에 준하는 사업(투자 등을 포함한다. 이하 이항에서 같다.)인 경우
2. 전문투자형 사모집합투자기구의 금전을 대여한 차주의 목적이 국내·외 특별자산의 취득, 신설, 증설, 개량 또는 운영 등과 이에 준하는 사업인 경우
→ 차주의 목적이 부동산 및 특별자산 관련된 사업일 경우 금전대여를 허용한다는 내용이다.

이러한 금전대여와 관련된 부분을 펀드 신탁계약서에까지 넣게 된 이유는 나중에 펀드를 Fines금융정보교환망이라는 곳에 등록할 때 행정지도가 있는데, 금전대여 관련 내용이 명시되어야 하기 때문이다. Fines 금융정보교환망은 펀드를 설정하고 펀드 등록을하는 곳인데 중요한 부분이 아니라 이 책에서 자세한 설명은 하지 않겠다.

제3조의 3(투자신탁의 투자권유 등)

① 일반 사모집합투자기구의 집합투자증권을 판매하는 판매회사는 투자자가 적격투자자인지를 확인하여야 한다.

② 법 제46조와 제46조의 2는 일반 사모집합투자기구의 집합투자증권을 판매하는 판매회사가 그 사모집합투자기구의 집합투자증권을 판매하는 경우에는 적용하지 아니한다. 다만, 적격투자자 중 일

반투자자 등 법 시행령으로 정하는 자가 요청하는 경우에는 그러하지 아니하다.

③ 일반 사모집합투자기구의 집합투자증권을 판매하는 판매회사는 적격투자자에게 법 제46조와 제46조의 2의 적용을 별도로 요청할 수 있음을 미리 알려야 한다.

제4조(집합투자업자 및 신탁업자의 업무)

① 집합투자업자는 투자신탁의 설정·해지, 투자신탁재산의 운용·운용지시 업무를 수행한다.

② 신탁업자는 투자신탁재산을 보관 및 관리하는 자로서 집합투자업자의 투자신탁재산 운용지시에 따른 자산의 취득 및 처분의 이행, 해지대금 및 이익금의 지급, 투자신탁재산의 평가의 공정성 및 기준가격산정의 적정성 판단 등의 업무를 수행한다.

③ 투자신탁재산의 운용지시에 관한 방법 및 절차, 각종 세금 및 공과금의 공제업무 기타 신탁업자의 수탁업무처리에 관한 사항 등으로써 이 신탁계약에서 정하지 아니한 사항에 대하여는 관련 법령과 규정이 정하는 범위 내에서 집합투자업자와 신탁업자 사이에 별도로 정할 수 있다. 다만, 이 신탁계약과 위 약정 사이에 상충하는 사항이 있는 경우에는 이 신탁계약이 우선한다.

제4조의 2(전담중개업자)

집합투자업자는 다음 각호의 업무를 수행하기 위하여 신탁업자를 전담중개업무를 수행하는 자(이하 '전담중개업자'라 한다.)로 선정할 수 있다.

1. 증권의 대여 또는 그 중개·주선이나 대리업무

2. 집합투자재산의 보관 및 관리

3. 금전의 융자

4. 투자신탁재산의 매매주문 체결업무

5. 투자신탁재산의 매매 등의 거래에 따른 취득·처분 등의 업무

6. 파생상품의 매매 또는 그 중개·주선·대리업무

7. 환매조건부매매 또는 그 중개·주선·대리업무

8. 집합투자증권의 판매업무

9. 집합투자기구의 설립 또는 운용과 관련한 금융 및 재무 등에 대한 자문업무

10. 다른 투자자의 투자를 유치하거나 촉진하기 위하여 일반 사모 집합투자기구에 출자(투자신탁의 경우에는 그 수익증권의 매수를 포함한다.)를 하는 업무

제4조의 3(업무의 위탁)

① 신탁업자는 투자신탁재산의 보관·관리업무를 제삼자에게 위탁할 수 있다.

② 제1항의 업무의 위탁에 따른 보수는 신탁업자와 업무의 위탁을 받은 회사가 협의하여 결정한 금액으로 하며, 이 투자신탁의 신탁업자가 지급한다.

제4조의 2, 3을 설명하기 위해서 펀드 신탁사를 증권사로 설정했다. 이렇게 증권사를 신탁사로 하는 경우, 자산운용사에서는 증권사와 체결한 신탁계약서 외에 전담중개업무계약서와 증권사와 은행 간의 단위위탁계약서를 꼭 챙겨야 한다. 이때 펀드의 운용지시를 보냈을 때 실제로 그 지시를 처리하는 곳은 은행이지만 증권사도 내용을 알고 있어야 하니 반드시 같이 메일을 보내줘야 한다.

제5조(신탁계약의 효력 및 신탁계약기간)

① 이 신탁계약은 각 당사자가 기명날인함으로써 즉시 효력이 발생한다.

② 수익자는 이 투자신탁의 수익증권을 매수한 때에 이 신탁계약에서 정한 사항 중 법령 및 이 신탁계약 등에서 정한 사항의 범위 내에서 이 신탁계약을 수락한 것으로 본다.

③ 이 투자신탁의 계약기간은 투자신탁의 최초 설정일부터 0000년 00월 00일까지로 한다. 다만, 다음 각호의 경우에는 신탁계약기간을 각각 그 정하는 바에 따른다.

1. 투자신탁의 해지 시에는 투자신탁의 최초 설정일로부터 투자신탁의 해지일까지로 한다.

2. 투자신탁이 투자한 자금의 전액 회수 시에는 투자신탁의 계약기간을 최초설정일로부터 전액 회수하여 투자신탁 원본의 상환이 완료된 날까지로 할 수 있다.

3. 투자신탁의 최초설정일부터 0000년 00월 00일이 경과하도록 투자신탁이 보유 중인 자산이 시장상황 등으로 상환되지 않을 경우에는 제41조 제1항의 절차를 통하여 신탁계약기간을 연장할 수 있다.

펀드의 신탁기간을 언제까지로 할지에 관한 내용이다. 신탁기간의 만기는 대출기간의 만기와 다르다. 대출기간은 말 그대로 차주가 대출을 갚아야 하는 만기를 의미이고, 여기서 신탁기간은 이 펀드의 청산은 언제까지 하겠다는 의미이다. 펀드청산 프로세스는 차주가 돈을 갚고 펀드를 청산해야 하니 신탁기간은 당연히 대출기간보다 같거나 더 길게 잡아야 할 것이다.

신탁기간은 운용력의 스타일에 따라 달라진다. 예를 들어 대출 만기 다음 날을 신탁계약서상 신탁기간의 만기로 하는 경우도 있는데, 필자의 경우는 혹시 차주가 정해진 대출만기에 바로 돈을 갚지 못하는 상황이 발생할 경우를 대비하여 여유 있게 1개월을 더 잡는 편이다. 만약 신탁 만기를 대출 만기 다음 날로 했는데 차주가 못 갚았을 경우, 투자신탁(펀드) 계약기간 연장을 위해서는 아래 신탁계약서 제41조(신탁계약의 변경) 1항에 따라 수익자 동의서도 필요하고, 다시 펀드신탁사로 가서 변경신탁계약서 날인을 받아와야 하는 등 번거로운 일들이 생기기 때문이다. 그리고 여기서 만기를 기재할 때는 '최초 설정일로부터 36개월 뒤 이런 식으로 애매하게 쓰기보다는 정확하게 날짜를 집어넣는 게 좋다. 애매하게 적으면 나중에 인수인계 받는 분이나 한국예탁원결제원 등 여러 사람이 난감해진다.

제6조(신탁원본의 가액 및 수익증권의 총 좌수)

이 투자신탁을 최초로 설정하는 때의 원본의 가액은 제29조에서 정한 기준가격(이하 '기준가격'이라 한다.)을 적용하며, 설정할 수 있는 수익증권의 총 좌 수는 00좌로 한다.

제7조(추가신탁)

이 투자신탁은 추가설정을 하지 아니한다. 다만, 제6조의 규정에 의한 수익증권의 총 좌수의 범위 내에서 다음 각호의 어느 하나에 해당하는 경우에 한하여 추가 설정을 할 수 있으며, 추가설정의 규모 및 시기 등은 집합투자업자가 결정하되, 관련 절차는 법령이 정하는 바에 따른다.

1. 본 집합투자기구의 최초설정일로부터 0000년 00월 00일까지 제6조에 따른 수익증권의 총 좌수의 범위 내에서 추가로 발행하는 경우

2. 기존 수익자의 이익을 해칠 염려가 없다고 신탁업자로부터 확인을 받은 경우

3. 기존 수익자 전원의 동의를 받은 경우

4. 기존 수익자에게 수익증권의 보유 비율에 따라 추가로 발행되는 수익증권(단수의 경우 올림으로 처리)의 우선매수기회를 부여하는 경우

이 책을 읽다 보면 폐쇄형이지만 일정 기간 추가신탁이 가능하다고 이야기했는데, 1항의 내용 때문에 가능한 거다. 추가신탁을 하면 좌수가 틀어져서 이익분배가 정확하게 안 될 수도 있는 등 문제점이 있지만, 펀드를 설정할 때 수익자를 1인밖에 모집하지 못한 상태에서 단독 수익자 이슈 해소를 위한 기간으로 활용하거나 투자금을 다 모집 못 했을 경우 이 기간을 활용해 추가 투자자를 모으기도 한다. 추가신탁은 꼭 열어둘 필요는 없지만 굳이 닫아 둘 필요도 없어서 무슨 일이 생길지 모르기 때문에 열어두는 편이 좋다고 생각한다.

제8조(신탁금의 납입)

① 집합투자업자는 이 투자신탁을 최초로 설정하는 때에 제6조의 신탁원본액에 해당하는 투자신탁금을 금전으로 신탁업자에 납입하여야 한다.

② 집합투자업자는 제7조 단서의 규정에 따라 이 투자신탁을 추가로

설정하는 때에는 추가투자신탁금을 금전으로 신탁업자에 납입하여야 한다. 이 경우 추가투자신탁금은 추가 설정하는 날의 기준가격에 추가로 설정하는 수익증권 좌수를 곱한 금액을 1,000으로 나눈 금액으로 한다.

③ 제2항의 규정에 의한 추가투자신탁금 중 추가로 설정하는 수익증권 좌수에 최초 설정 시의 기준가격을 곱한 금액을 1,000으로 나눈 금액은 원본액으로, 이익 또는 손실에 상당하는 금액은 수익조정금으로 처리한다.

④ 제1항 및 제2항의 규정에 불구하고 객관적인 가치평가가 가능하고 다른 수익자의 이익을 해할 우려가 없는 경우에는 법 제249조의 8 제3항에 따라 금전 외의 자산으로 납입할 수 있다.

제2장 수익증권 등

제9조(수익권의 분할)

① 이 투자신탁의 수익권은 1좌의 단위로 균등하게 분할하며, 수익증권으로 표시한다.

② 이 투자신탁의 수익자는 투자신탁원본의 상환 및 투자신탁이익의 분배 등에 관하여 수익증권의 좌수에 따라 균등한 권리를 가지며, 설정일이 다른 경우에도 그 권리의 내용에는 차이가 없다.

제10조(수익증권의 발행 및 전자등록)

① 집합투자업자는 제6조 및 제7조의 규정에 의한 투자신탁의 최초설정 및 추가설정에 의한 수익증권 발행가액 전액이 납입된 경우 신탁업자의 확인을 받아 기명식 수익증권을 발행하여야 한다. 이 경우 집합투자업자는 「주식·사채 등의 전자등록에 관한 법률(이하 '전자증권법'이라 한다.)」에 따른 전자등록기관을 통하여 해당 수익증권을 전자등록한다.

② 판매회사는 다음 각호의 사항을 기재하여 전자증권법 제2조 제3호 가목에 따른 고객계좌부(이하 '수익증권고객계좌부'라 한다.)를 작성·비치하여야 한다.

1. 고객의 성명 및 주소

2. 수익증권의 종류 및 수

3. 그 밖에 법 시행규칙에서 정하는 사항

③ 〈삭제〉

④ 수익증권고객계좌부에 전자등록된 자는 해당 수익증권에 대하여 적법한 권리를 가지는 것으로 추정한다.

제11조(예탁 수익증권의 반환 등)

〈삭제〉

제12조(수익증권의 재교부)

〈삭제〉

신탁계약서 작성 시 팁을 얘기하자면, 만약 금융감독원 등의 지시로 또는 펀드별 특징에 따라 기존의 내용을 지워야 하는 경우가 있다. 그럴 때는 통째로 지우지 말고 〈삭제〉라고 넣어두면 좋다. 필자는 강의를 가면 항상 펀드제안서도 그렇고 '하나가 바뀌면 전부 바뀐다.'라는 이야기를 꼭 한다. 여기서도 만약 12조의 내용이 사라졌으니까 12조를 삭제한다고 끝이 아니다. 신탁계약서 안에 어떤 조항들이 12조의 내용과 관련이 있을 수도 있고, 또 12조가 사라지면서 13조가 12조가 되니 뒤에 13조와 관련된 부분은 바꿔줘야 한다. 펀드제안서에서도 감정평가액이나 매출액 하나만 바뀌어도 LTV부터 Exit가능성 분석 전부 다 바뀐다. 하나를 수정 할 때마다 처음부터 다시 꼼꼼하게 검토하는 습관을 가지는 게 좋다. 사람이기 때문에 놓칠 수 있으니 크로스체크를 하든지 다른 자료에서 다시 한번 확인해보든지 해서 이런 실수는 최소화 해야 한다. 눈으로 보면 놓치기 쉬우니 검색 기능도 활용하는 것을 추천한다.

제13조(수익증권의 양도)

① 수익권을 양도하고자 하는 경우에는 전자증권법 제30조에 따른 계좌 간 대체의 전자등록에 의하여야 하며, 수익증권고객계좌부에 전자등록된 자는 해당 수익증권에 대하여 적법한 권리를 가지는 것으로 추정한다. 다만, 수익자는 법 제249조의 2에 따른 적격투자자가 아닌 자에게 그 수익권을 양도하여서는 아니되며, 양도의 결과 일반 사모집합투자기구의 요건을 충족하는 범위에서는 분할하여 양도할 수 있다.

② 수익증권을 질권의 목적으로 하는 경우에는 전자증권법 제31조에 따른 질권 설정의 전자등록을 하여야 입질의 효력이 발생한다.

③ 수익권의 이전은 집합투자업자가 정하는 절차에 따라 취득한 자가 그 성명과 주소를 수익자명부에 기재하지 아니하면 집합투자업자에게 대항하지 못한다.

④ 수익증권의 양도시 양수인은 제5조 제2항의 규정에 따라야 한다.

제14조(수익자명부)

① 집합투자업자는 수익자명부 작성에 관한 업무를 예탁결제원에 위탁하여야 한다.

② 집합투자업자는 예탁결제원과 수익자명부 작성 등을 위한 위탁계약을 체결하고, 예탁결제원은 관련 법령·신탁계약서·위탁계약서 및 관련규정 등에 따라 업무를 처리하여야 한다.

③ 집합투자업자는 의결권을 행사하거나 이익금 등을 받을 자 기타 수익자 또는 질권자로서 권리를 행사할 자를 정하기 위하여 일정한 기간을 정하여 수익자명부의 기재변경을 정지하거나 일정한 날에 수익자명부에 기재된 수익자 또는 질권자를 그 권리를 행사할 수익자 또는 질권자로 볼 수 있다.

④ 집합투자업자는 제3항의 기간 또는 일정한 날을 정한 경우 지체 없이 이를 예탁결제원에 통지하여야 한다.

⑤ 예탁결제원은 제4항의 규정에 따라 통보를 받은 경우 판매회사에 대하여 수익자에 관한 다음 각호의 사항의 통보를 요청할 수 있다.

1. 수익자의 성명, 주소 및 전자우편 주소

2. 수익자가 보유한 수익권의 종류 및 수

⑥ 제5항의 규정에 따라 판매회사로부터 통보를 받은 예탁결제원은 그 통보받은 사항과 통보 연월일을 기재한 수익자명부를 작성하여야 하며, 집합투자업자가 수익자명부 기재사항의 통보를 요청하는 경우 수익자의 성명과 수익권의 좌수를 통보하여야 한다.

⑦ 〈삭제〉

⑧ 집합투자업자가 제3항의 날을 정한 경우에는 상법 제354조 제4항 전단을 준용한다. 다만, 다음 각호 중 어느 하나의 기준일을 설정하는 경우에는 그러하지 아니하다.

1. 부분환매 결정에 의한 정상자산과 환매연기자산으로 분리를 위한 기준일을 설정하는 경우

2. 합병에 따른 이 투자신탁의 합병기준일을 설정하는 경우

3. 투자신탁해지에 따른 상환금 지급을 위하여 기준일을 설정하는 경우

4. 투자신탁 회계기간 종료에 따른 이익분배금 지급을 위하여 기준일을 설정하는 경우

자본시장법 189조(투자신탁의 수익권 등)
⑥ 투자신탁을 설정한 집합투자업자는 수익자명부의 작성에 관한 업무를 「주식·사채 등의 전자등록에 관한 법률」 제2조 제6호에 따른 전자등록기관(이하 '전자등록기관'이라 한다.)에 위탁하여야 한다.
수익자명부는 처음에 판매사와 예탁결제원만 알고 있고 자산운용사는 알 수 없으나 판매사에 요청하여 '수익자 수'는 알 수 있다. 생각보다 금융감독원 등 요청자료 때문에 수익자 수 관련해서 만들 자료들이 많으니 기억하고 있으면 좋다. 참고로 이렇게 예탁결제원에서 관리하도록 정한 이유는 자산운용사가 수익자명부를 관리할 경우 은행, 증권사 등 타 펀드 판매사의 고객정보를 자신의 펀드 판매영업에 활용할 우려가 있어서 중립적인 예탁결제원에서 수익자 명부를 관리하도록 자본시장법에서 제한했기 때문이다. 참고로 자본시장법에서 말하는 전자등록기관이 예탁결제원을 말하는데 이는 전자증권법 부칙에 정의되어 있다.

제3장 투자신탁재산의 운용

제15조(자산운용지시 등)

① 집합투자업자는 투자신탁재산을 운용함에 있어 신탁업자에 대하여 자산의 취득·처분 등에 관하여 필요한 지시를 하여야 하며, 신탁업자는 집합투자업자의 지시에 따라 자산의 취득·처분 등을 하여야 한다. 다만, 집합투자업자는 투자신탁재산의 효율적 운용을 위하여 불가피한 경우로써 법 시행령 제79조 제2항에 정하는 방법으로 투자대상자산을 운용하는 경우 자신의 명의로 직접 투자대상자산의 취득·처분 등을 할 수 있다.

② 집합투자업자 또는 신탁업자가 제1항에 따라 투자대상자산의 취득·처분 등을 한 경우 그 투자신탁재산으로 그 이행책임을 부담한다. 다만, 그 집합투자업자가 법 제64조 제1항에 따라 손해배상책임을 지는 경우에는 그러하지 아니하다.

③ 집합투자업자는 제1항 본문의 규정에 의하여 지시를 하는 경우 전산시스템에 의하여 객관적이고 정확하게 관리할 수 있는 방법을 통하여 지시하여야 한다.

④ 집합투자업자는 제1항 단서에 따라 지시하는 경우에는 투자신탁재산별로 미리 정하여진 자산배분명세에 따라 취득·처분 등의 결과를 공정하게 배분하며, 자산배분명세, 취득·처분 등의 결과, 배분결과 등에 관한 장부 및 서류를 작성하고 유지 관리한다.

> 실무에서 자산운용사가 자산의 운용을 직접 하는 게 아닌 펀드신탁사에 운용지시를 보내 처리하게 된다. 이 책 뒤 부분에 운용지시서가 어떻게 되어있고 어떤 지시들을 하는지 양식과 함께 넣어뒀으니 참고하면 좋을 것 같다

제16조(투자목적)

이 투자신탁은 투자대상 및 투자비중에 제한이 없는 일반 사모집합투자기구로써, 법 제229조 제2호의 규정에 의한 부동산(법 시행령 제240조 제4항의 규정에 의한 방법으로 부동산에 투자하는 경우를 포함한다.)을 주된 투자대상으로 하여 수익을 추구하는 것을 목적으로 한다.

제17조(투자대상자산 등)

이 투자신탁은 투자대상 및 투자비중에 제한이 없는 일반 사모집합투자기구로써, 집합투자재산을 운용함에 있어서 투자대상자산에 관한 별도의 제한을 적용하지 아니한다. 다만, 이 투자신탁은 ○○ ○○시 ○○동에 진행중인 '○○ ○○동 주상복합 개발사업'의 2순위 PF 대출을 주된 투자대상으로 하며, 기타 유보자금은 유동성이 풍부한 RP, MMF 등에 투자하거나 예금할 수 있다.

제18조(투자대상자산 취득한도)

이 투자신탁은 관련 법령 및 규정에 달리 정한 한도가 있는 경우를 제외하고는 투자대상자산의 취득한도에 별도의 제한을 적용하지 아니한다.

취득한도의 경우 다른 신탁계약서들을보면 투자대상 투자 비율까지 적혀있는 경우를 많이 봤을 텐데, 필자는 펀드에 무슨 일이 생길지 모른다고 생각하여 비율을 안 적어도 되고 모든 곳에 투자가 가능한 혼합자산형으로 만들었다. 이 부분 작성과 관련해서는 아래 자본시장법을 읽어보면 될 것 같다.

자본시장법 제229조(집합투자기구의 종류) 집합투자기구는 집합투자재산의 운용대상에 따라 다음 각호와 같이 구분한다.
4. 혼합자산집합투자기구: 집합투자재산을 운용함에 있어서 제1호부터 제3호까지의 규정의 제한을 받지 아니하는 집합투자기구
※ 1호: 증권, 2호: 부동산, 3호: 특별자산을 말한다. 원래 '각 투자대상의 40% 이상 투자해야 한다.' 같은 내용이 들어가는데, 혼합자산형은 규정의 제한이 없어서 이런 내용을 넣지 않아도 된다.

제17조(투자대상자산 등)도 혼합자산형으로 설정하면 자세히 적지 않아도 되는데 구체적으로 적지 않으면 싫어하는 기관들이 있어서 '다만~' 내용을 추가하게 되었다.

자본시장법 제188조(신탁계약의 체결 등) ① 투자신탁을 설정하고자 하는 집합투자업자는 다음 각호의 사항이 기재된 신탁계약서에 의하여 신탁업자와 신탁계약을 체결하여야 한다.
8. 그 밖에 수익자 보호를 위하여 필요한 사항으로써 대통령령으로 정하는 사항

자본시장법 시행령 제215조(신탁계약서의 기재사항) 법 제188조 제1항 제8호에서 '대통령령으로 정하는 사항'이란 다음 각호의 사항을 말한다.
3. 투자대상자산(법 제229조 제4호에 따른 혼합자산집합투자기구인 경우를 제외하고는 주된 투자대상자산을 따로 기재하여야 한다.)

제19조(운용 및 투자 제한)

① 집합투자업자는 투자신탁재산을 운용함에 있어 다음 각호에 해당하는 행위를 신탁업자에게 지시할 수 없다. 다만, 법령 및 규정에

서 예외적으로 인정한 경우에는 그러하지 아니하다.

1. 법 시행령 제84조에서 정하는 집합투자업자의 이해관계인과의 법 제84조 제1항 단서 각호에 해당되지 아니하는 거래행위

2. 법 시행령 제86조에서 정하는 한도를 초과하여 집합투자업자의 계열회사가 발행한 증권을 취득하는 행위

3. 다음 각 목의 금액을 합산한 금액이 이 투자신탁의 순자산총액의 100분의 200을 초과하여 투자하는 행위

   가. 파생상품에 투자하는 경우 그 파생상품의 매매에 따른 위험평가액

   나. 투자신탁재산으로 이 투자신탁 외의 자를 위하여 채무보증 또는 담보제공을 하는 방법으로 운용하는 경우 그 채무보증액 또는 담보목적물의 가액

   다. 이 투자신탁의 계산으로 금전을 차입하는 경우 그 차입금의 총액

4. 이 투자신탁재산으로 부동산을 취득한 후 1년 이내에 이를 처분하거나, 건축물, 그 밖의 공작물이 없는 토지로써 그 토지에 대하여 부동산개발사업을 시행하기 전에 이를 처분하는 행위. 다만, 법 및 법 시행령이 허용하는 경우에는 그러하지 아니한다.

② 증권차입 및 금전차입 합계가 이 투자신탁 자산총액에서 부채총액을 뺀 가액의 50%를 초과할 수 없다.

③ 집합투자업자는 집합투자재산을 금전대여 방식으로 운용함에 있어 개인에게 대여하여서는 아니 되며, 이를 회피할 목적의 연계거래를 이용하여 개인에게 대출이 이루어지도록 하여서는 아니된다.

제20조(한도 및 제한의 예외)

〈삭제〉

제21조(업무의 위탁)

〈삭제〉

제4장 투자신탁재산의 보관 및 관리

제22조(신탁업자의 선관주의 의무)

신탁업자는 선량한 관리자의 주의의무로써 신탁재산을 보관·관리하여야 하며, 수익자의 이익을 보호하여야 한다.

제23조(신탁업자의 업무제한 등)

① 신탁업자는 투자신탁재산을 운용하는 집합투자업자의 계열회사여서는 아니 된다.

② 신탁업자는 신탁재산을 자신의 고유재산, 다른 집합투자재산 또는 제삼자로부터 위탁받은 재산과 구분하여 관리하여야 한다. 이 경우 집합투자재산이라는 사실과 위탁자를 명기하여야 한다.

③ 신탁업자는 신탁재산 중 증권, 그 밖에 법 시행령 제268조 제1항에 정하는 것을 자신의 고유재산과 구분하여 집합투자기구별로 예탁결제원에 예탁하여야 한다. 다만, 해당 증권의 유통 가능성, 다른 법령에 따른 유통 방법이 있는지 여부, 예탁의 실행 가능성 등을 고려하여 법 시행령 제268조 제2항에서 정하는 경우에는 그러하지 아니하다.

④ 신탁업자는 집합투자업자가 그 신탁업자에 대하여 자산의 취득·처분 등의 이행 또는 보관·관리 등에 필요한 지시를 하는 경우 법 시행령 제268조 제3항에서 정하는 방법에 따라 이를 각각의 집합투자재산별로 이행하여야 한다.

⑤ 이 투자신탁재산을 보관·관리하는 신탁업자는 자신이 보관·관리하는 집합투자재산을 자신의 고유재산, 다른 집합투자재산 또는 제3자로부터 보관을 위탁받은 재산과 거래하여서는 아니 된다. 다만, 집합투자재산을 효율적으로 운용하기 위하여 필요한 경우로써 법 시행령 제268조 제4항에서 정하는 경우에는 그러하지 아니하다. 특히, 이 경우 법 제229조 제2호의 부동산과 관련된 효율적인 자금결제 및 부동산관리업무에 필요한 계좌는 집합투자업자의 운용지시에 따라 신탁업자의 고유재산과 거래할 수 있다.

⑥ 이 투자신탁재산을 보관·관리하는 신탁업자는 자신이 보관·관리하는 집합투자재산을 그 이해관계인의 고유재산과 거래하여서는 아니 된다.

⑦ 이 투자신탁재산을 보관·관리하는 신탁업자는 그 집합투자기구의 집합투자재산에 관한 정보를 자기의 고유재산의 운용, 자기가 운용하는 집합투자재산의 운용 또는 자기가 판매하는 집합투자증권의 판매를 위하여 이용하여서는 아니 된다.

⑧ 이 투자신탁은 법 제249조의 8의 규정에 의하여 법 제247조의 신탁업자의 운용행위감시규정의 적용을 받지 아니한다. 다만, 신탁업자는 법 제238조 제1항에 따른 이 투자신탁의 투자신탁투자재산의 평가가 공정한지 여부와 법 제238조 제6항에 따른 기준가격 산

정이 적정한지 여부는 확인하여야 하고, 이를 위하여 집합투자업자
는 일반사무관리회사를 통하여 기준가격 산정 시 이를 신탁업자에
게 통지하여야 한다.

제5장 수익증권의 판매 및 환매

제24조(수익증권의 판매)

① 이 투자신탁의 집합투자업자는 본 수익증권을 판매하기 위해 판매
   회사와 판매계약 또는 위탁판매계약을 체결한다.

② 고객은 판매회사를 통하여 이 수익증권을 취득할 수 있다.

③ 판매회사는 판매보수 또는 판매수수료와 관련하여 판매회사가 투
   자자에게 제공하는 용역 또는 서비스에 관한 내용이 기재된 자료
   를 제공하고 그 내용을 설명하여야 한다.

여기까지 읽으면서 프로세스에 대해서는 이해했겠지만 한 번 더 정리하면, 집합투
자기구(펀드)의 집합투자업자(자산운용사)는 판매사(증권사)와 위탁판매계약을 체
결한다. 투자자는 이용하는 판매사(증권사 지점)에 돈을 입금하고, 판매사(증권사
본사)는 지점들 돈을 모아서 한국예탁결제원에 설정청구 신청을 하게 된다. 자산
운용사에서는 증권사에서 정상적으로 신청했다는 것을 오후 4시쯤 e-Safe의 '설
정청구승인'에서 확인할 수 있다. 자산운용사에서 승인하게 되면 펀드의 신탁업자
에게 돈이 들어가게 된다. 펀드 신탁업자 계좌에 입금된 걸 확인하고 자산운용사
는 펀드신탁업자에게 기표 운용지시를 내리고 투자가 완료된다. 참고로 추가설정
의 경우 '설정대금통보승인'이라는 다른 탭에서 승인을 해야 하니 알고 있으면 좋
다. 오후 4시에 돈이 움직이는 이유는 금융기관들이 일괄적으로 거래차액을 주고
받기 때문이고 이를 실무에서는 '은대(은행계정대)를 맞춘다.'라고 표현한다.

제25조(수익증권의 판매제한 등)

① 이 투자신탁의 수익자는 100인 이하이어야 한다. 다만, 다음 각호의 요건에 해당하는 경우에는 이를 적용하지 아니한다.

   1. 수익자가 법 시행령 제10조 제1항 각호의 어느 하나에 해당하는 자

   2. 수익자가 법 시행령 제10조 제3항 제12호, 제13호에 해당하는 자 중 금융위원회가 정하여 고시하는 자

② 제1항의 규정에도 불구하고 일반투자자인 투자자의 수는 49인 이하이어야 한다.

③ 제1항의 규정에 의한 수익자의 수를 산출함에 있어 다른 집합투자기구가 이 투자신탁의 수익증권 발행총수의 100분의 10 이상을 취득하는 경우에는 그 다른 집합투자기구의 수익자(제1항에 따른 수익자를 말한다.)의 수를 합하여 산출한다.

④ 제3항에도 불구하고 그 집합투자기구를 운용하는 집합투자업자가 둘 이상의 다른 집합투자기구를 함께 운용하는 경우로서 해당 둘 이상의 다른 집합투자기구가 그 집합투자기구의 집합투자증권 발행총수의 100분의 30 이상을 취득(여유자금의 효율적 운용을 위한 취득으로써 금융위원회가 정하여 고시하는 경우의 취득은 제외한다.)하는 경우에는 그 증권 발행총수의 100분의 10 미만을 취득한 다른 집합투자기구의 수익자의 수도 더해야 한다.

⑤ 이 투자신탁의 수익증권은 법 제9조 제8항의 규정에 의한 사모의 방법으로 적격투자자에게만 판매한다.

제26조(판매가격)

① 수익증권의 판매가격은 투자자가 이 투자신탁의 수익증권의 취득을 위하여 판매회사에 자금을 납입한 영업일의 다음 영업일의 기준가격으로 한다. 다만, 이 투자신탁을 최초로 설정하는 때에는 투자신탁 최초설정일의 기준가격으로 한다.

② 제1항 본문에 불구하고, 투자자가 17시 경과 후에 자금을 납입한 경우, 수익증권의 판매가격은 자금을 납입한 영업일부터 기산하여 제3영업일의 기준가격으로 한다.

제1영업일	제2영업일	제3영업일
자금 납입 (17시 이전)	수익증권 매입 공고 기준가 적용	
자금 납입 (17시 경과 후)		수익증권 매입 공고 기준가 적용

제27조(수익증권의 환매)

수익자는 이 투자신탁 수익증권의 환매를 청구할 수 없다.

> 본건은 폐쇄형 펀드로, 환매가 불가능하다.

제6장 투자신탁재산 평가 및 회계

제28조(투자신탁재산 평가)

① 집합투자업자는 법 제238조 제1항에 따라 투자신탁재산을 시가에 따라 평가하되, 평가일 현재 신뢰할 만한 시가가 없는 경우 공정가

액으로 평가하여야 한다.

② 집합투자업자는 제1항에 따른 투자신탁재산의 평가업무를 수행하기 위하여 법 제238조 제2항에서 정하는 집합투자재산평가위원회를 구성·운영하여야 한다.

③ 집합투자업자는 투자신탁재산에 대한 평가가 공정하고 정확하게 이루어질 수 있도록 신탁업자의 확인을 받아 법 제238조 제3항에서 정하는 집합투자재산의 평가와 절차에 관한 기준을 마련하여야 한다.

④ 집합투자업자는 제2항에 따른 집합투자재산평가위원회가 투자신탁재산을 평가한 경우 그 평가명세를 지체 없이 신탁업자에게 통보하여야 한다.

제29조(기준가격 산정 및 제시)

① 집합투자업자는 제28조의 규정에 따른 투자신탁재산의 평가결과에 따라 기준가격을 산정한다. 기준가격은 제2항의 기준가격의 적용일 전날의 재무상태표상에 계상된 투자신탁 자산총액에서 부채총액을 차감한 금액(이하 **'순자산총액'**이라 한다.)을 그 적용일 전날의 수익증권 총 좌수로 나누어 산정하며, 1,000좌 단위로 원 미만 셋째 자리에서 4사5입하여 원 미만 둘째 자리까지 계산한다.

② 집합투자업자는 제1항에 따라 산정된 기준가격을 수익자의 요청이 있는 경우 제시하되, 투자신탁을 최초로 설정하는 날의 기준가격은 1좌를 1원으로 하여 1,000원으로 한다.

③ 제1항에도 불구하고, 집합투자업자는 기준가격 산정업무를 일반사

무관리회사에 위탁할 수 있으며, 이 경우 그 수수료는 이 투자신탁
재산에서 부담한다.

④ 제3항의 규정에 따라 기준가격 산정업무를 위탁 받은 일반사무관
리회사는 제1항의 규정에 의하여 이 투자신탁 기준가격을 산정하
여 집합투자업자 및 신탁업자에게 예탁결제원을 통해 통보하여야
하며, 집합투자업자 및 판매회사는 산정된 기준가격을 수익자의 요
청이 있는 경우 제시한다.

제30조(투자신탁의 회계기간)

① 이 투자신탁의 회계기간은 투자신탁의 최초설정일부터 매 1년간으
로 한다. 다만, 신탁계약 해지 시에는 투자신탁회계기간 초일부터
신탁계약의 해지일까지로 한다.

② 제1항에도 불구하고, 집합투자업자는 회계기간 중 집합투자업자가
정하는 영업일에 임의결산을 할 수 있다.

③ 제2항의 규정에 의하여 임의결산을 하는 경우 회계기간은 직전 회
계기간 종료일 익일부터 당해 임의결산일까지로 하며, 다음 회계기
간은 당해 임의결산일 익일부터 매 1년간으로 한다.

회계기간이란 결산주기를 의미하고 결산일 익영업일에 투자자에게 배당을 지급해
주게 된다. 그리고 매니저가 필요에 따라 결산시점이나 금액을 정해서 배당을하는
임의결산 운용지시를 하여 전액분배하지 않고 일부 금액의 배당을 유보시킬 수
있다. 결산 때 투자자들 배당금뿐만 아니라, 펀드와 관련하여 4대보수도 지급이
되는데 이 4대 보수도 투자자 배당금과 마찬가지로 예상치 못한 이유로 펀드에 자
금이 부족하다 등 문제가 생겼을 때 받아야 하는 보수를 안 받고 유보할 수 있다.
전액분배로 결산하면 기준가격은 일반적으로 1,000으로 떨어지게 된다.

회계기간은 소득세법에 따라 최대 1년이고, 그 안에서 자유롭게 정할 수 있는데 보통 3개월, 6개월, 1년마다 회계결산을 한다. 여기서 주의할 점은 결산은 이 날 되지만 실질적인 배당은 결산일 익영업일에 투자자들에게 지급되니, 판매사의 요청 등 갑작스러운 사정으로 예를 들어 6일에 배당금을 줘야 하는 상황이 발생할 경우, 5일에 임의결산해야 6일에 배당금을 지급해줄 수 있다. 임의 결산을 하면 새로운 회계기간은 임의결산한 익일부터 다시 계산한다. 투자자 CF를 짤 때 이런 부분에 대해 헷갈리지 않도록 주의해야 한다.

제31조(결산서류의 작성 등)

① 집합투자업자는 이 투자신탁의 결산기마다 다음 각호의 서류 및 부속서류(이하 '**결산서류**'라 한다.)를 작성하여야 한다.

1. 재무상태표
2. 손익계산서

② 이 투자신탁은 일반 사모집합투자기구로서 법 제249조의 8의 규정에 따라 회계감사를 받지 아니할 수 있다.

제32조(이익분배)

① 집합투자업자는 이 투자신탁재산의 운용에 따라 발생한 이익금의 전부 또는 집합투자업자가 지정하는 금액(이하 '**이익분배금**'이라 한다.)을 투자신탁 회계기간 종료일(만일 임의결산하는 경우 임의결산일)의 익영업일에 분배한다. 이 경우 이익분배금은 투자신탁재산의 운용에 따라 발생한 이익금을 초과할 수 있다. 다만, 다음 각호의 경우에는 분배를 유보할 수 있으며, 법 제242조에 따른 이익금이 0보다 적은 경우에도 분배를 유보할 수 있다.

1. 법 제238조에 따라 평가한 집합투자재산의 평가이익
2. 법 제240조 제1항의 회계처리기준에 따른 평가이익

② 집합투자업자는 제1항의 규정에 의한 이익금을 판매회사를 경유하여 수익자에게 금전으로 분배한다.

> 결산일 시점 펀드에 있는 이익분배금 전부 분배하는 것을 전액분배, 집합투자업자가 지정하는 금액을 분배해주는 것을 지정분배 한다고 이야기한다. 이 부분에서는 위에서 이야기한 회계결산일 익영업일(금요일에 결산하면 월요일에 배당)에 이익분배금이 투자자에게 배당한다는 부분을 기억하고 넘어가면 된다.

제33조(이익분배금에 의한 수익증권 매수)

수익자는 제32조의 규정에 의한 이익분배금으로 당해 수익증권을 매수할 수 없다.

제34조(상환금 등의 지급)

① 집합투자업자는 신탁계약기간이 종료되거나 투자신탁을 해지하는 경우 지체 없이 신탁업자로 하여금 투자신탁원본의 상환금 및 이익금(이하 **'상환금 등'**이라 한다.)을 판매회사를 경유하여 수익자에게 지급한다.

② 판매회사는 신탁업자로부터 인도받은 상환금 등을 지체 없이 수익자에게 지급하여야 한다.

③ 집합투자업자가 제43조의 규정(다만, 동 조 제2항 제2호 제외)에 따라 이 투자신탁을 해지하는 경우에는 수익자 전원의 동의를 얻어 투자신탁재산인 자산으로 수익자에게 상환금 등을 지급할 수 있다.

④ 집합투자업자는 투자신탁재산의 매각지연 등의 사유로 인하여 상환금 등의 지급이 곤란한 경우에는 상환을 연기할 수 있으며, 이를 예탁결제원 또는 판매회사를 통하여 그 사실을 통지하여야 한다.

> 추가적으로 앞에서 계속 결산 이야기를 했는데, 여기에서처럼 신탁계약기간 만료로 투자신탁이 해지되어 투자원본액과 이익금을 돌려주는 마지막 결산을 '상환결산'이라고 한다.

제34조의 2(중도상환금의 지급)

① 집합투자업자는 회계기간 중의 일자에 다음 각호 중 어느 하나에 해당하는 투자신탁원본의 상환금(이하 **'중도상환금'**이라 한다.)을 신탁업자로 하여금 판매회사를 경유하여 수익자에게 금전으로 지급할 수 있다. 다만, 제40조의 기타 운용비용 등의 발생이 예상될 경우에는 집합투자업자는 해당 비용에 해당하는 금액을 제외하고 지급할 수 있으되, 지급하는 날의 직전 영업일까지 그 지급에 관한 사항을 판매회사를 통하여 수익자에게 통지한다.

1. 이 투자신탁재산을 운용함에 있어 제17조의 투자대상자산에 투자하여 운용한 투자신탁재산이 회수됨에 따라 조성된 금전에 상당하는 투자신탁원본액

2. 제7조 제1호 및 동 조 제2호의 규정에 따라 추가 설정된 자금에서 제17조의 투자대상자산에 투자되지 아니한 금액에 상당하는 투자신탁원본액

② 집합투자업자는 제1항의 규정에 의한 중도상환금을 지급하는 경우, 제

32조 제1항의 규정에도 불구하고, 투자신탁재산의 운용에 따라 발생한 이익분배금(이익초과분배금)도 함께 금전으로 지급할 수 있다. 이 경우 해당 회계기간은 중도상환 일자 이전과 후로 분리된 것으로 한다.

③ 제1항 및 제2항의 중도상환금 및 이익분배금(이익초과분배금)을 지급하는 경우에는 별도의 수수료를 징구하지 아니한다.

제35조(이익분배금 및 상환금 등의 시효 등)

① 이익분배금, 상환금 또는 중도상환금 등을 수익자가 그 지급개시일(제32조, 제34조, 제34조의 2의 규정에 따라 판매회사가 수익자에게 이익분배금, 상환금, 중도상환금 등을 지급하는 날을 말한다.)부터 5년간 지급을 청구하지 아니한 때에는 판매회사가 취득할 수 있다.

② 신탁업자가 이익분배금, 상환금, 중도상환금 등을 판매회사에게 인도한 후에는 판매회사가 수익자에 대하여 그 지급에 대한 책임을 부담한다.

제7장 수익자총회

제36조(수익자총회)

이 투자신탁은 일반 사모집합투자기구로써 법 제249조의 8 제5항의 규정에 따라 수익자총회 및 그와 관련된 사항을 적용하지 아니한다. 수익자총회 및 그와 관련된 사항의 적용 배제에 따라 법 제191조 반대수익자의 수익증권매수청구권 및 그와 관련된 사항 역시 적용하지 아니한다.

제8장 보수 및 수수료 등

제37조(보수)

① 투자신탁재산의 운용 및 관리 등에 대한 보수(이하 '투자신탁보수'라
한다.)는 투자신탁이 부담하며, 그 종류는 다음 각호와 같다. (이 투
자신탁은 집합투자업자가 기준가격 산정업무를 일반사무관리회사에 위
탁하였으며 그 수수료는 투자신탁이 부담한다.)

　　1. 다음 각목의 기본보수

　　　　가. 집합투자업자가 취득하는 집합투자업자보수(자산운용보수)

　　　　나. 판매회사가 취득하는 판매회사보수

　　　　다. 신탁업자가 취득하는 신탁업자보수

　　　　라. 일반사무관리회사가 취득하는 일반사무관리회사보수

② 제1항 제1호의 규정에 의한 기본보수의 계산기간(이하 '보수계산기
간'이라 한다.)은 회계기간과 동일하며 보수계산기간 중 투자신탁보
수를 매일 재무상태표상에 계상하고 다음 각호의 어느 하나에 해
당하는 경우가 발생하는 때에 집합투자업자의 지시에 따라 신탁업
자가 투자신탁재산에서 인출한다. 단, 투자신탁보수는 펀드 유동성
을 감안하여 집합투자업자의 지시에 따라 유보 또는 일부 상각할
수 있으며, 유보된 투자신탁보수는 집합투자업자의 별도의 지시에
따라 지급하기로 한다.

　　　1. 보수계산기간의 종료

　　　2. 투자신탁의 일부해지(해지 분에 상당하는 투자신탁보수 인
　　　　출에 한한다.)

　　　3. 투자신탁의 전부해지

③ 제1항에 따른 투자신탁보수는 다음 각호에 해당하는 보수율에 투자신탁재산의 원본액(제34조의2에 따라 중도상환금 등을 지급하는 경우 이를 공제한 금액)에 각 보수계산기간의 일수를 곱한 금액으로 한다.

1. 집합투자업자보수율: 연 [T.B.D]%

2. 판매회사보수율: 연 [T.B.D]%

3. 신탁업자보수율: 연 [T.B.D]%

4. 일반사무관리회사보수율: 연 [T.B.D]%

④ 본 조의 규정에 따라 발생하는 모든 투자신탁보수에 부가가치세가 발생하는 경우 부가가치세는 별도로 가산하여 지급한다.

보수 부분은 프로젝트에 따라 내용 자체가 많이 달라진다. 이 보수 부분에서는 클래스 펀드일 경우 각 클래스로 나눠서 보수율을 적어 놓으면 되고, 운용사가 수수료를 받는 경우 특별용역보수에 대한 내용이 들어가야 하니 펀드제안서 내용을 잘 확인하고 작성해야 한다. 추가적으로 성과보수에 관한 내용도 들어갈 수 있는데 이는 주로 실물매입형에서 볼 수 있다.

여기서 특별용역보수와 성과보수는 한 펀드에서 동시에 발생할 수 있는데 정확하게 어떻게 다른지 정리하겠다. 우선 특별용역보수의 경우, 펀드를 설정하면서 운용사가 받는 대가를 말하며 펀드설정금액에 연 몇%씩을 받는 운용보수와 다르게 PF펀드에서는 '대출금의 몇%', '실물형 펀드는 '매입가격의 몇%'이런 식으로 일시에 받는 수익을 말한다. 판매사가 판매수수료를 받듯이 운용사가 받는 수수료라고 생각하면 된다.

성과보수의 경우, 펀드를 운용하면서 어떠한 성과를 내면 그에 대한 보상으로 받는 보수로 실물형 펀드에서 만약 매각차익을 냈다면 매각차익의 몇% 이런 식으로 받게 된다. 실물매입형에서 성과보수 관련 내용을 넣어야 하는 이유는 자본시장법 제86조(성과보수)에서 해당 내용을 투자설명서에 기재하도록 하고 있기 때문이다.

제86조(성과보수의 제한) ① 집합투자업자는 집합투자기구의 운용실적에 연동하여 미리 정하여진 산정방식에 따른 보수(이하 '성과보수'라 한다.)를 받아서는 아니 된다. 다만, 다음 각호의 어느 하나에 해당하는 경우에는 성과보수를 받을 수 있다.
1. 집합투자기구가 사모집합투자기구인 경우
2. 사모집합투자기구 외의 집합투자기구 중 운용보수의 산정방식, 투자자의 구성 등을 고려하여 투자자 보호 및 건전한 거래질서를 해할 우려가 없는 경우로서 대통령령으로 정하는 경우
② 집합투자업자는 제1항 단서에 따라 성과보수를 받고자 하는 경우에는 그 성과보수의 산정방식, 그 밖에 대통령령으로 정하는 사항을 해당 투자설명서(제123조 제1항에 따른 투자설명서를 말한다.) 및 집합투자규약에 기재하여야 한다.

이와 비슷하게 자산운용사에서 낼 수 있는 수익이 하나 더 있는데 바로 주선이다. 자산운용사도 증권사B처럼 주선을 하고 자문계약서를 통해 자문수수료를 수취할 수 있다. 이 경우 펀드를 운용하여 운용보수를 받는 게 아닌 자문수수료를 일시에 받고 해당 대출구조에서는 빠지게 된다. 운용사 입장에서 주선을 하면 펀드를 운용하면서 프로젝트에서 발생할 수 있는 다양한 위험에 노출되지 않고 일시에 많은 수익을 낼 수 있어서 좋다. 만약 운용사에서 주선 업무를 하고 싶다면 우선 회사에 '투자자문업' 라이선스가 있는지 그리고 '대출의 중개, 주선 또는 대리업무'라는 내용이 겸영업무로 등록이 되어 있는지 확인해야 한다. '대출의 중개, 주선 또는 대리업무'가 등록되어 있어야 하는 이유는 자본시장법 시행령 제43조(금융투자업자의 다른 금융업무 영위)의 5항 9호에 명시하고 있기 때문이다. 즉, 단순히 자문 라이선스만 가지고 있다고 해서 주선을 할 수 있는 게 아니라 금융위에 사전신고를 해서 겸영업무를 신청해야 자격이 주어지게 된다.

이 주선업무와 관련해서 또 하나 중요한 내용이 있는데, 운용사는 직접 주선하는 프로젝트에는 펀드로 투자할 수 없다. 만약 이런 제한이 없다면 예를 들어 운용사가 펀드로 PF대출을 해주면서 원래는 차주가 금리 연7%에 취급수수료 3%를 주기로 한 프로젝트였는데 운용사 펀드제안서에는 금리 연 7%에 취급수수료 2%만 적고, 운용사가 차주와 따로 자문계약서를 체결하여 1%를 받는 방법으로 수익자에게 운용사가 받는 수익을 감추는 일과 같은 신의성실의무에 위배되는 문제가 발생할 수 있다.

자본시장법 제37조(신의성실의무 등) ② 금융투자업자는 금융투자업을 영위함에 있어서 정당한 사유 없이 투자자의 이익을 해하면서 자기가 이익을 얻거나 제삼자가 이익을 얻도록 하여서는 아니 된다.

실제로 이 부분과 관련하여 필자가 투자자문업을 위해 겸영업무 신고서 금융감독원에 제출하는데 운용사에서 작성한 신고서 내용 중 겸영업무 및 절차부분에 '당사의 설정펀드가 대주단의 일원이 되는 경우에는 해당 투자자문 업무를 하지 않을 예정임'이라는 문구가 빠졌으니 다시 보고서를 만들어서 제출하라는 회신을 받은 적이 있는데, 이게 주선을 하면서 해당 프로젝트의 대주로 참여해서는 안 된다는 이야기다.

보수와 관련하여 깊은 내용이지만 주의할 부분이 있어서 조금 더 설명하겠다. 신탁계약서 제37조(보수) 3항 부분에 보면 **원본액**이라고 표현했는데, 이 원본액이 **설정금액**을 의미한다. 그런데 이 부분에서 주의해야 한다고 한 이유는 종종 **원본액(설정금액)**이 아닌 **순자산가치**를 기준으로 보수를 받는 펀드들이 있기 때문이다. **순자산가치**는 NAV(Net Asset Value)로 매일 변동하는 자산운용의 결과값이다. 즉, **원본액**으로 받을 때와는 다르게 **순자산가치**로 받게 되면 4대보수를 받는 기준이 되는 값이 계속 변동하게 되므로 펀드에서 발생하게 될 보수를 예측할 수 없게 되고, 그러면 투자자들에게 정확한 목표수익률을 약속할 수 없게 된다. 물론 상품유형에 따라 **순자산가치**로 보수 계산 방식이 맞는 펀드도 있겠지만 부동산 펀드의 경우 대부분 원본액으로 넣고 있으며, 보수 부분은 고객 수익률에 영향을 미치는 부분이기 때문에 펀드제안서와 신탁계약서에 관련 내용을 제대로 넣었는지 꼭 확인해봐야 한다.

제38조(판매수수료)

① 판매회사는 집합투자증권의 판매행위에 대한 대가로 집합투자증권을 매수하는 시점에 수익자로부터 선취판매수수료를 취득할 수 있다.

② 선취판매수수료는 납입금액(집합투자증권 매수 시 적용하는 기준가격에 매수하는 집합투자증권의 좌수를 곱한 금액을 1,000으로 나눈 금액)에 다음 선취판매수수료율을 곱한 금액으로 한다.

1. 납입금액의 [T.B.D]% 이내

③ 2항 제1호의 선취판매수수료율은 정해진 범위 내에서 판매회사별로 달리 적용될 수 있다.

> 펀드제안서에서 봤던 판매사에게 지급하는 선취판매수수료와 관련된 내용인데 여기서 나온다.

제39조(환매수수료)

이 투자신탁은 환매수수료를 부과하지 아니한다.

> 신탁계약서 제2조(용어의 정의) 6에서 볼 수 있다시피 폐쇄형 펀드기 때문에 환매가 불가능하다.

제40조(기타 운용비용 등)

① 투자신탁재산의 운용 등에 소요되는 비용은 수익자의 부담으로 하며, 투자신탁재산운용 중에는 집합투자업자의 지시에 따라 신탁업자가 투자신탁재산에서 인출하여 지급한다.

② 제1항에서 '비용'이라 함은 투자신탁재산과 관련된 다음 각호의 비용을 말한다.

　1. 증권 등 자산의 매매수수료

　2. 증권 등 자산의 예탁 및 결제 비용

　3. 투자신탁재산의 회계감사 비용

　4. 수익자명부 관리비용

　5. 투자신탁재산의 운용에 필요한 법무, 회계 등 외부용역 비용

　6. 투자신탁재산에 관한 소송비용 및 판결 원리금

　7. 증권 등 자산의 가격정보비용

　8. 투자신탁재산의 운용에 필요한 지적재산권 비용

　9. 제4조의 2 각호의 업무수행에 수반되는 전담중개업자 관련 비용

　10. 기타 이에 준하는 비용으로 투자신탁재산의 운용 등에 소요되는 비용

③ 제5조 및 본조 제1항에도 불구하고 투자신탁 해지 이후 투자신탁재산과 관련해 수익과 비용 등 권리와 의무가 추가 발생 시 해지 전 업무를 수행했던 집합투자업자, 신탁업자, 판매회사 등 금융투자업자가 추가 발생 업무를 계속 수행해야 하며, 해지 후 발생하는 수익과 비용 등 권리와 의무는 수익자에게 귀속하거나 수익자가 부담한다.

> 이 펀드는 PBS와 체결하는 신탁계약서로 2항 9호에 전담중개업자 관련 내용을 넣어 주었다. 위에 신탁계약서 '4조의 2, 4조의 3'와 마찬가지로 신탁업자가 은행인 경우 빼면 된다.

제9장 신탁계약의 변경 및 해지 등

제41조(신탁계약의 변경)

① 집합투자업자는 신탁계약을 변경하고자 하는 경우에는 신탁업자와 변경계약을 체결하여야 한다. 이 경우 신탁계약 중 다음 각호의 어느 하나에 해당하는 사항을 변경하는 경우에는 전체 수익자의 수익증권 중 전원의 동의를 받아야 한다.

1. 주된 투자대상자산, 투자전략 등의 변경

2. 집합투자업자·신탁업자 등이 받는 보수, 그 밖의 수수료의 인상

3. 신탁업자의 변경(제42조 제3항 각호의 경우는 제외한다.)

4. 신탁계약기간의 변경(투자신탁을 설정할 당시에 그 기간변경이 신탁계약서에 명시되어 있는 경우는 제외한다.)

5. 그 밖에 수익자의 이익과 관련된 중요한 사항으로서 법 시행령 제217조에서 정하는 사항

② 이 신탁계약에 규정된 사항 중 법령 등의 변경으로 그 적용이 의무화된 경우에는 그 변경된 바에 따른다.

③ 집합투자업자는 제1항에 따라 신탁계약을 변경한 경우에는 판매회사를 통하여 이를 수익자에게 통지하여야 한다.

④ 제1항에도 불구하고, 신탁계약의 단순한 자구수정 등 경미한 사항을 변경하거나 법령 또는 금융위원회의 명령에 따라 신탁계약을 변경하는 경우에는 1항 단서를 적용하지 않는다.

제42조(집합투자업자 및 신탁업자의 변경)

① 집합투자업자나 신탁업자가 법을 위반하여 고의 또는 중과실로 이 투자신탁재산에 손실을 초래하였음이 인정되는 경우 수익자의 전원 동의를 얻어 이 투자신탁의 집합투자업자나 신탁업자를 변경할 수 있다.

② 집합투자업자 변경의 경우에는 제1항에도 불구하고 다음 각호의 어느 하나에 해당하는 경우에는 수익자의 동의를 거치지 아니하고 변경할 수 있다.

1. 합병·분할·분할합병

2. 법 제420조 제3항 제1호 및 제2호에 따른 금융위원회의 조치에 따라 집합투자업자가 변경되는 경우

3. 「금융산업의 구조개선에 관한 법률」 제10조 제1항 제6호부터 제8호까지의 규정에 따른 금융위원회의 명령에 따라 집합투자업자가 변경되는 경우

③ 신탁업자 변경의 경우에는 제1항의 규정에도 불구하고 다음 각호의 어느 하나에 해당하는 경우에는 수익자의 동의를 거치지 아니하고 변경할 수 있다.

1. 합병·분할·분할합병

2. 영업양도 등으로 신탁계약의 전부가 이전되는 경우

3. 법 제184조 제4항, 법 제246조 제1항 등 관련 법령의 준수를 위하여 불가피하게 신탁계약의 일부가 이전되는 경우

4. 법 제420조 제3항 제1호 및 제2호에 따른 금융위원회의 조치에 따라 신탁업자가 변경되는 경우

5. 「금융산업의 구조개선에 관한 법률」제10조 제1항 제6호부터 제8호까지의 규정에 따른 금융위원회의 명령에 따라 신탁업자가 변경되는 경우

④ 제1항에도 불구하고 제1항 외의 사유로 수익자의 전원 동의를 얻어 이 투자신탁의 집합투자업자나 신탁업자를 변경할 수 있다. 다만, 정당한 사유없이 집합투자업자나 신탁업자가 변경되는 경우 집합투자업자나 신탁업자는 이 투자신탁재산 한도 내에서 그로 인한 손실의 보상 또는 손해의 배상을 청구할 수 있다.

제43조(투자신탁의 해지)

① 집합투자업자는 금융위원회의 승인을 받아 이 투자신탁을 해지할 수 있다. 다만, 다음 각호의 어느 하나에 해당하는 경우에는 금융위원회의 승인을 얻지 아니하고 이 투자신탁을 해지할 수 있으며, 이 경우 집합투자업자는 그 해지 사실을 지체 없이 금융위원회에 보고하여야 한다.

1. 수익자 전원이 동의한 경우
2. 수익증권 전부에 대한 환매의 청구를 받아 신탁계약을 해지하려는 경우

② 집합투자업자는 다음 각호의 어느 하나에 해당하는 경우에는 지체 없이 이 투자신탁을 해지하여야 한다. 이 경우 집합투자업자는 그 해지사실을 지체 없이 금융위원회에 보고하여야 한다.

1. 신탁계약에서 정한 신탁계약기간의 종료
2. 투자신탁의 피흡수합병

3. 수익자의 총수가 1인이 되는 경우. 다만, 건전한 거래질서를 해할 우려가 없는 경우로서 법 시행령 제224조의 2에서 정하는 경우는 제외한다.

4. 법 제249조의 9 제1항에 따라 이 투자신탁의 해지 명령을 받은 경우

제44조(미수금 및 미지급금의 처리)

① 집합투자업자는 제43조에 따라 이 투자신탁을 해지하는 경우 미수금 채권이 있는 때에는 금융투자업규정 제7-11조 제1항이 정하는 공정가액으로 이 투자신탁을 해지하는 날에 그 미수금 채권을 양수하여야 한다. 다만, 그 미수금 채권을 법 시행령 제87조 제1항 제3호에 따라 거래하는 경우에는 그 거래에 의할 수 있다.

② 집합투자업자는 제43조에 따라 이 투자신탁을 해지하는 경우 미지급금 채무가 있는 때에는 제1항의 공정가액으로 이 투자신탁을 해지하는 날에 그 미지급금 채무를 양수하여야 한다. 다만, 그 미지급금 채무가 확정된 경우로서 법 시행령 제87조 제1항 제3호에 따라 거래하는 경우에는 그 거래에 의할 수 있다.

제10장 보칙

제45조(투자신탁의 합병)

① 집합투자업자는 그 집합투자업자가 운용하는 다른 투자신탁을 흡수하는 방법으로 이 투자신탁을 합병할 수 있다.

② 집합투자업자는 제1항에 따라 투자신탁을 합병하고자 하는 경우 법 제193조 제2항 각호의 사항을 기재한 합병계획서를 작성하여 합병하는 각 투자신탁의 수익자 전원의 동의를 얻어야 한다. 다만, 건전한 거래질서를 해할 우려가 적은 소규모 투자신탁의 합병 등 법시행령 제225조의 2 제1항에서 정하는 경우는 제외한다.

③ 투자신탁의 합병과 관련하여 이 신탁계약에서 정하지 아니한 사항은 법 제193조에 따른다.

제46조(자기집합투자증권의 취득 제한 등)

① 집합투자업자는 이 투자신탁의 계산으로 그 투자신탁의 수익증권을 취득하거나 질권의 목적으로 받지 못한다. 다만, 다음 각호의 어느 하나에 해당하는 경우에는 투자신탁의 계산으로 이 투자신탁의 수익증권을 취득할 수 있다.

1. 담보권의 실행 등 권리 행사에 필요한 경우

② 집합투자업자는 제1항 단서에 따라 취득한 수익증권을 취득일부터 1개월 이내에 다음 각호의 어느 하나에 해당하는 방법으로 처분하여야 한다.

1. 소각
2. 판매회사를 통한 매도

제47조(수익자에 대한 공고, 공시)

집합투자업자, 신탁업자가 관련법령 또는 「상법」에 따라 수익자에 대하여 공시 또는 공고를 하여야 하는 경우에는 판매회사를 경유하여 수익자에게 통지함으로써 갈음할 수 있다.

제48조(손해배상책임)

① 집합투자업자, 신탁업자는 법령·신탁계약에 위반하는 행위를 하거나 그 업무를 소홀히 하여 수익자에게 손해를 발생시킨 경우 그 손해를 배상할 책임이 있다.

② 이 투자신탁의 집합투자업자와 신탁업자는 판매회사, 일반사무관리회사, 집합투자기구평가회사(법 제258조에 따른 집합투자기구평가회사를 말한다.) 및 채권평가회사(법 제263조에 따른 채권평가회사를 말한다.)와 함께 법에 따라 수익자에 대하여 손해배상책임을 부담하는 경우, 귀책사유가 있는 경우에는 연대하여 손해배상책임을 진다.

제49조(수익증권의 통장거래)

수익자는 한국금융투자협회가 제정한 '수익증권저축약관'에 따라 통장거래 등을 할 수 있다.

제50조(관련법령 등의 준용)

이 신탁계약에서 정하지 아니한 사항은 관련 법령 및 규정에서 정하는 바에 따른다.

제51조(관할법원)

① 집합투자업자, 신탁업자 또는 판매회사가 이 신탁계약에 관하여 소송을 제기한 때에는 소송을 제기하는 자의 본점소재지를 관할하는 법원에 제기한다.

② 수익자가 소송을 제기하는 때에는 수익자의 선택에 따라 수익자의 주소지 또는 수익자가 거래하는 집합투자업자, 신탁업자 또는 판매회사의 영업점포 소재지를 관할하는 법원에 제기할 수 있다. 다만, 수익자가 「외국환거래법」 제3조 제1항 제15호의 규정에 의한 비거주자인 경우에는 수익자가 거래하는 집합투자업자, 신탁업자 또는 판매회사의 영업점포 소재지를 관할하는 법원에 제기하여야 한다.

부칙

제1조 (시행일)

이 신탁계약은 0000년 00월 00일부터 시행한다.

집합투자업자

서울특별시 ○○○구 ○○○로 ○○

KAIC자산운용 주식회사

대표이사 ○ ○ ○ (인)

신탁업자

서울특별시 ○○○구 ○○○로 ○○

○○○증권 주식회사

대표이사 ○ ○ ○ (인)

2장

운용지시서

드디어 펀드가 설정이 되었고 이제 이 펀드와 관련하여 운용지시를 하려 한다. 운용지시란 '집합투자업자인 자산운용사가 펀드신탁사인 은행(또는 증권사PBS)에 집합투자재산과 관련하여 어떤 업무처리를 해주세요.'라고 지시하는 것을 말한다. 이와 관련된 내용은 자본시장법 제80조(자산운용의 지시 및 실행)과 관련이 있어서 중요한 부분인 1항만 가져왔는데 한 번쯤 찾아서 읽어보는 걸 추천한다. 참고로 3부 1장에서 설명한 신탁계약서 제4조(집합투자업자 및 신탁업자의 업무), 제15조(자산운용지시 등)에도 있으니 다시 한번 읽어보면 좋다.

자본시장법 제80조(자산운용의 지시 및 실행)

① 투자신탁의 집합투자업자는 투자신탁재산을 운용함에 있어서 그 투자신탁재산을 보관·관리하는 신탁업자에 대하여 대통령령으로 정하는 방법에 따라 투자신탁재산별로 투자대상자산의 취득·처분 등에 관하여 필요한 지시를 하여야 하며, 그 신탁업자는 집합투자업자의 지시에 따라 투자대상자산의 취득·처분 등을 하여야 한다. 다만, 집합투자업자는 투자신탁재산의 효율적 운용을 위하여 불가피한 경우로써 대통령령으로 정하는 경우에는 자신의 명의로 직접 투자대상자산의 취득·처분 등을 할 수 있다.

다음으로는 운용지시서가 언제 어떤 내용으로 작성되는지 순서대로 볼 텐데 운용지시서의 디자인과 내용은 운용사마다 다르니 참고용으로만 보면 좋을 것 같다. 여기서는 펀드를 운용하면 무조건 보게 되는 주요 운용지시서들인 (1) 계약체결 운용지시, (2) 자금인출 운용지시, (3) 이자수취 및 임의결산 운용지시, (4) 상환결산 운용지시에 관한 설명을 마지막으로 이 책을 마무리하려 한다.

1. 계약체결 운용지시

신탁계약을 체결하고 보통 가장 먼저 나가는 운용지시서다. 집합투자업자가 펀드 신탁업자에게 대출 관련 계약서들에 날인해달라는 내용이 들어간다. 아래는 PF펀드의 대출약정 관련 운용지시서고 내용은 다음과 같다.

KAIC자산운용주식회사

담당자 : ㅇㅇㅇㅇ본부 이준 대리 T:02-000-0000 F:02-000-0000

문 서 번 호 : 2022-000000-01
발　신　자 : KAIC자산운용
수　　　신 : ㅇㅇ은행
제　　　목 : KAIC일반사모투자신탁제ㅇ호 계약체결

'KAIC일반사모투자신탁제ㅇ호'에 대해 다음과 같이 운용지시를 드립니다.

- 다 음 -

1. 'ㅇㅇㅇ ㅇㅇㅇㅇ 개발사업 ㅇ순위 PF대출'과 관련한 계약 체결

2. 체결계약서류

계약목록	부수	비고
대출약정서	1	
예금 등 채권 근질권설정계약서	1	
연대보증계약서	1	
관리형 토지신탁계약서	10	
관리형토지신탁 신청 및 수익권증서 발급의뢰서	1	

※계약의 상세내용은 첨부된 계약서류 확인 바람

3. 필요 준비서류 목록: 가. 법인등기사항전부증명서 3부.
　　　　　　　　　　　나. 법인인감증명서 3부.
　　　　　　　　　　　다. 사업자등록증 3부. 끝.

2022년 00월 00일

KAIC자산운용주식회사

대표이사　ㅇㅇㅇ (인)

위에 2. 체결계약서류에 적혀있는 계약서들은 PF대출과 관련된 약정서로, 이 책 프로젝트들에서 [계약서 검토]에 있는 계약서들이 이렇게 펀드신탁사로 운용지시서와 약정서 파일을 보내고 도장을 찍게 한다. 이 첫 번째 계약체결 운용지시는 펀드신탁계약 시행일 당일부터 가능하다. 이는 운용지시라는 게 집합투자업자가 펀드신탁업자에게 업무를 지시하는 것으로, 해당 펀드의 신탁계약서 시행일부터 지시를 하는 거니 상식적으로 생각하면 된다.

계약체결서류에 적혀있는 계약서 내용을 보면 PF대출에 필요한 계약서를 확인할 수 있는데 기본적으로 해당 프로젝트의 대출과 관련된 내용이 기재되어 있는 대출약정서, 채권보전방안 관련 계약서인 근질권설정계약서 및 연대보증계약서가 있고, 부동산신탁사를 포함한 프로젝트 관련 계약서인 관리형 토지신탁계약서가 있다. 관리형 토지신탁계약서는 위 프로젝트의 경우 이해관계인들이 9곳이라 각자 보관할 원본 9부는 천공으로 처리하고, 1부는 등기소 제출용으로 전체 도장간인을 해야 하니 법무법인에 이를 꼭 확인하고 업무를 처리해야 한다. 관리형 토지신탁계약서와 함께 있는 수익권증서 발급의뢰서는 각 대주단이 받을 우선수익권증서를 발급해 달라는 내용의 계약서로 우선수익권자와 신탁부동산에 대한 내용이 들어가 있다.

이런 계약들을 체결하는 데 법인등기사항증명서, 법인인감증명서, 사업자등록증이라는 준비서류가 필요하고 이는 자산운용사와 펀드신탁업자 각각 준비하여 법무법인에 제출해야 한다. 준비서류는 위의 경우 등기소 제출용 1부, 법무법인 제출용 1부, 부동산신탁사 제출용 1부를 준비했는데 이는 프로젝트에 따라서 다르고 법무법인이 업무처리하는 방식에 따라 다르니 법무법인에 전화를 해서 꼭 정확하게 다시 한번 확인해봐야 한다. 그리고 사업자등록증 같은 경우에는 **원본대조필**을 찍으라고 하는데 원본대조필이란 도장을 찍고 그 위에 인감을 날인하면 된다.

참고로 법인인감증명서는 약정서 등 관련 계약에 찍는 도장이 법인인감일 경우 이 도장을 증빙하기 위해 준비하는 자료다. 그런데 법인인감 같은 경우에는 법인에 1개 있는 중요한 도장으로 분실하면 안 되기 때문에 반출 못 하게 한다. 그래서 실무에서는 이런 계약체결을 위해 도장이 필요한 경우 업무용 도장인 **사용인감**(막도장)이라는 것을 사용하는 게 일반적이다. 이렇게 사용인감을 사용하는 경우 **사용인감계**라는 서류를 추가로 준비를 해야 한다. 사용인감계에는 아래에 법인인감을 날인하고 위에 사용인감을 날인하여 '이 사용인감을 기재한 제출처 및 사용용도 범위 내의 일체 행위에 대하여 당사의 사용인감으로 사용하는 것을 확인합니다.'라고 적힌 서류이다.

2. 자금인출 운용지시

대출 관련 계약을 체결하였으니 다음으로 할 일은 실제로 자금이 나가는 기표다.

KAIC자산운용주식회사

담당자 : ㅇㅇㅇㅇ본부 이준 대리 T : 02-000-0000 F : 02-000-0000

문 서 번 호 : 2022-000000-02
발 신 자 : KAIC자산운용
수 신 : ㅇㅇㅇㅇ증권
참 조 : ㅇㅇ은행
제 목 : KAIC일반사모투자신탁제0호 운용지시

'KAIC일반사모투자신탁제0호'에 대해 다음과 같이 운용지시를 드립니다.

- 다 음 -

1. 2022년 00월 00일 체결한 "ㅇㅇㅇㅇ 개발사업 ㅇ순위 PF대출' 대출약정서에 따른 대출금 지급

2. 이체 계좌

항목	내용	비고
계좌개설기관	ㅇㅇ은행	
예금주	ㅇㅇㅇㅇ	
계좌번호	000-000-0000	

3. 이체 내역

항목	내용	비고
대출금액	0,000,000,000원	
이자금액(공제)	00,000,000원	해당기간:2020.00.00~2020.00.00(00일) 안분처리 1일 이자금액 : 0,000,000원 (※윤년적용)
이체금액	0,000,000,000원	

첨부
1. 대출약정서 1부.
2. 인출요청서 1부.
3. 입금계좌 사본 1부. 끝.

2022년 00월 00일

KAIC자산운용주식회사

대표이사 ㅇㅇㅇ (인)

기표일은 실제로 투자가 집행되는 날로 펀드에 돈이 들어오는 펀드 설정일과는 다르다. 이 둘의 차이는 기표일부터는 대출이자가 발생하고 펀드 설정일부터는 펀드보수가 발생하여 펀드를 미리 설정할 경우 보수만 더 발생해서 고객수익률이 낮아지게 될 수 있으니 너무 일찍 펀드를 설정할 필요는 없다. 그리고 위에 이자금액에 공제라고 되어있는데 대출금에서 이자금액을 공제하고 나가는 걸 보니 이자를 선취로 받거나 대출기간 중 수익이 발생하는 펀드가 아니라는 걸 알 수 있다.

3. 이자수취 및 임의결산 운용지시

다음으로는 펀드를 운용하는 기간 동안 가장 많이 보내는 이자수취 및 임의결산 운용지시서다. 작성해야 하는 내용은 펀드신탁사마다 요청사항이 있으니 반영해서 넣으면 된다.

KAIC자산운용주식회사

담당자 : ○○○○본부 이준 대리 T:02-000-0000 F:02-000-0000

문 서 번 호 : 2022-000000-03
발 신 자 : KAIC자산운용
수   신 : ○○은행
제   목 : KAIC일반사모투자신탁제0호 운용지시

'KAIC일반사모투자신탁제0호'에 대해 다음과 같이 운용지시를 드립니다.

- 다 음 -

1. ○○○ ○○○○ ○○○ 개발사업 PF대출 관련 대출이자 수령
   - 펀드명 : KAIC 일반사모투자신탁제 0 호(펀드코드 : 000000)
   - 이자금액 : 00,000,000원
   - 안분처리 : 2022.00.00 ~ 2022.00.00 (안분처리 / 초일 산입, 말일 산입)
   - 이자일수 : 00일
   - 1일 이자금액 : 000,000원

2. 임의결산
   - 임의결산일 : 2022년 00월 00일
   - 분배방법 : 지정분배
   - 분배금액 : 00,000,000원

끝.

2022년 00월 00일

KAIC자산운용주식회사

대표이사 ○○○ (인)

여기서 참고로 보면 좋은 게 임의결산 부분인데, 펀드는 회계주기마다 알아서 결산되지만 필자의 경우 위에서 말했듯이 신탁계약서상 회계기간은 무조건 1년으로 하고 결산 시기마다 수작업으로 임의배당을 했다. 이렇게 해야 자금관리도 되고 원하는 시기에 정확하게 배당금을 지급할 수 있기 때문인데, 이건 필자가 관리차원에서 선택한 방식이지만 번거롭기도 하니 참고만 하고 입사를 하면 사수가 사용하는 방법으로 관리하면 된다. 아래는 앞에서 이자/보수 계산 기간에 대해서 설명할 때 썼던 자료인데 '(3) 이자수취 및 임의결산 운용지시서' 주기와 관련해서 같이 보면 좋을 것 같아서 다시 가져왔다.

참고로 이 운용지시서는 이자수취와 임의결산 관련 내용이 꼭 같이 나갈 필요가 없다. 예를 들어 위에는 3개월 단위로 이자가 들어오고 6개월 단위로 결산을 하는 프로젝트의 이자 및 결산기간인데, 4월 7일 / 10월 7일처럼 이자수취만 있는 경우 이때는 '(3) 이자수취 운용지시서'라는 이름으로 이자수취에 대해서만 나가도 되니 필요에 맞게 운용지시서를 만들면 된다.

4. 상환결산 운용지시

마지막으로 나가는 운용지시서로 펀드는 이 운용지시서를 끝으로 청산된다.

KAIC자산운용주식회사

담당자 : ㅇㅇㅇㅇ본부 이준 대리 T : 02-000-0000 F : 02-000-0000

문 서 번 호 : 2022-000000-04
발 신 자 : KAIC자산운용
수 신 : ㅇㅇ은행
제 목 : KAIC일반사모투자신탁제0호 운용지시

'KAIC일반사모투자신탁제0호'에 대해 다음과 같이 운용지시를 드립니다.

- 다 음 -

1. ㅇㅇㅇㅇ ㅇㅇㅇㅇ ㅇ순위 PF 대출채권 유동화 사모사채 원리금 수령

구분	내용	비고
대출원금	000,000,000원	
(-)이자환급액	0,000,000원	선취이자 중 미경과분 이자 환급
(+)후취수수료	0,000,000원	사모사채 발행금액의 0.5%
입금액	000,000,000원	

2. 사모사채 원리금 상환에 따른 사채권 실물 반환
- 송부처 : ㅇㅇㅇ ㅇㅇㅇ ㅇㅇㅇ
- 담당자 : ㅇㅇㅇ 대리님(02-0000-0000)

3. 투자신탁 해지
- 신탁계약서 제5조 제3항 제2호에 의거, 투자자금 전액 회수에 따른 투자신탁 해지

금융투자협회표준코드	상환결산일	청산일
K00000000000	2022.07.24	2022.07.25

※ 청산일(2022.07.25)에 미지급수수료 모두 납부 : 미지급예탁결제수수료, 미지급중개수수료 등
끝.

2022년 07월 22일

KAIC자산운용주식회사

대표이사 ㅇㅇㅇ (인)

여기서 조금 신경 써줘야 하는 부분은 실물 반환이다. 사모사채 투자를 했던 프로젝트라 차주(발행회사)가 발행한 사채권을 다시 발행회사에 반환해야 하는데, 이 프로젝트의 경우 차주가 회계법인에 업무위탁을 해둔 상태일 경우 보관 중인 사채권 실물을 회계법인으로 보내면 된다. 이 외에도 실물로 보관하는 서류로 우선수익권증서 같은 것들이 있는데 종종 폐기해달라고 하는 경우도 있으니 운용지시 전에 실물서류 발행회사에 연락해서 돌려드릴지 폐기할지 꼭 확인해보는 게 중요하다. 운용지시서 내용에 대해 조금 이야기를 하면 (-)이자환급액 부분을 보아 특정 이자기간에 대한 이자를 선취로 받았고 그 선취이자를 펀드에서 들고 있다가 차주가 조기상환하게 된 경우로 보인다. 이럴 경우 잔여이자기간에 대해 일할 계산을 하여 환급액을 결정하고 돌려주게 되는데 여기서는 대출원금에서 공제하는 방식으로 처리했다. 후취수수료는 원리금을 상환 받으면서 펀드가 받는 돈인데 처음 소개하는 개념인 것 같아서 삭제하지 않고 넣어봤다. 선취와는 반대로 청산할 때 받는 돈인데 이해하는 데 어렵지 않을 거라 생각한다.

상환결산일은 펀드에서 발생한 수입과 지출을 정산하는 마지막 날이 된다. 그리고 상환결산하는 익영업일에 투자자에게 원리금을 돌려주면서 펀드는 청산하게 된다. 참고로 주의할 점이 있는데 펀드의 운용기간 중 임의결산의 경우 금요일에 하고 월요일에 투자자들에게 배당을 지급해도 토요일, 일요일 펀드보수를 다음 보수계산에 반영하면 되서 신경 쓰지 않아도 되지만, 상환결산의 경우 비용을 다음 기간으로 넘기지 못하기 때문에 금요일에 대출원리금을 받는 경우 일요일에 상환결산을 하여 토요일/일요일에 발생한 4대보수를 반영시키고 월요일에 원리금을 지급하고 펀드를 청산하게 된다. 위의 펀드를 예시로 보면 좋을 것 같아 날짜를 삭제하지 않았는데 7월 22일이 금요일에 대출원리금을 상환받아서 7월 24일 일요일에 상환결산을 하고, 7월 25일 월요일에 투자자들에게 원리금을 돌려주게 된다. 아래는 주말이 끼어 있을 때 임의결산과 상환결산을 처리하는 방법을 정리한 표인데 이해하는 데 도움이 될 것 같아서 만들어봤다.

① 목요일 이자 또는 원리금 수령(월~수도 동일)

구 분	목	금	토	일	월
임의 결산	이자수령 및 **결산**	배당금 지급			
상환 결산	원리금 수령 및 **상환결산**	원리금 지급			

② 금요일 이자 또는 원리금 수령

구 분	목	금	토	일	월
임의 결산		이자수령 및 **결산**			배당금 지급
상환 결산		원리금 수령		**상환결산**	원리금 지급

※ 토, 일 2일치 4대보수 반영을 위해 일요일 상환결산

③ 금요일 원리금 수령 후 바로 지급(특수한 경우)

구 분	목	금	토	일	월
상환 결산	**상환결산**	원리금 수령 및 원리금 지급			

※ 그리고 드물게 2일치 보수를 아끼기 위해 또는 어떠한 사정으로 금요일에 바로

배당을 해줘야 하는 경우도 있는데 이때는 목요일에 미리 상환결산을 하면 된다. 다만, 만약 목요일에 상환결산 운용지시를 했는데 금요일에 원리금이 안 들어오게 된다면 심각한 문제가 생기니 원리금 입금이 확실하고 꼭 필요한 경우에만 이 방법을 사용해야 한다.

마지막으로 펀드 해지 이후에는 당연히 신탁계약이 끝났으니 펀드 신탁사에 요청사항은 운용지시서가 아니라 공문으로 하는 게 맞는데, 종종 그냥 운용지시로 달라고 하는 곳도 있으니 상황에 맞게 처리하면 된다.

대학생을 위한
부동산 대출형 펀드 가이드

펴 낸 날 2022년 7월 11일

지 은 이   이 준
펴 낸 이   이기성
편집팀장   이윤숙
기획편집   윤가영, 이지희, 서해주
표지디자인 윤가영
책임마케팅 강보현, 김성욱
펴 낸 곳   도서출판 생각나눔
출판등록   제 2018-000288호
주   소   서울 잔다리로7안길 22, 태성빌딩 3층
전   화   02-325-5100
팩   스   02-325-5101
홈페이지   www.생각나눔.kr
이 메 일   bookmain@think-book.com

• 책값은 표지 뒷면에 표기되어 있습니다.
  ISBN   979-11-7048-185-0 (03320)